अशोक बनाम वाजपेयी

अशोक वाजपेयी

अशोक बनाम वाजपेयी

अशोक वाजपेयी

डॉ. धर्मवीर

वाणी प्रकाशन

प्रकाशन के उत्कृष्टतम 62 वर्ष

अशोक बनाम वाजपेयी : अशोक वाजपेयी

अशोक बनाम वाजपेयी : अशोक वाजपेयी

I

हिन्दी के कवि अशोक वाजपेयी ने केवल कविता नहीं रची है बल्कि कविता पर विचार भी किया है। वे लिखते हैं–''कविता भाषा, अनुभव, स्मृति, कल्पना, रहस्य, आश्चर्य आदि सब से रची जाती है और हर बार अप्रत्याशित कृति होती है....। कविता में भाषा माध्यम नहीं अनुभव है; कविता अपने को, अपने होने को, सचाई को जानने की एक प्रक्रिया है पहले से जाने हुए को किसी तरह भाषा में ढालने का उपक्रम नहीं।''[1] उनका विचार है कि 'जाने हुए को भाषा में ढालना नहीं होता : भाषा में जानने की कोशिश से कविता रची जाती है।'[2] वे लिखते हैं–''....कविता यथार्थ को प्रतिबिम्बित या अभिव्यक्त भर नहीं करती, एक गहरे और मार्मिक अर्थ में, उसे 'रचती' है।''[3]

इस प्रकार, कवि के लिए कविता में कुछ भी पुराना नहीं है, बल्कि सब कुछ नया है। यह घटनाओं को अभिव्यक्ति देती है लेकिन खुद भी एक घटना है। यह यथार्थ का प्रतिनिधित्व करती है लेकिन इस प्रक्रिया में खुद भी यथार्थ का हिस्सा बन जाती है। कविता बहुत काम करती है। कवि के शब्दों में, ''कविता हमें अपने समय में अवस्थित करते हुए हमें उस से पार भी ले जाती है....।''[4] तभी लिखा गया है कि '....हम कविता में वही जीवन नहीं दूसरा खोजते और पाते हैं; कि कविता कवि का अन्य जीवन है।'[5]

यह कवि यह नहीं मानता कि कविता अपने आप रची जाती है। यह सम्भव नहीं है कि कविता खुद-ब-खुद रची जा रही हो। इस कवि के शब्दों में '....कवि को कुछ करना पड़ता है तभी कविता बनती है, अपने आप नहीं बन जाती, भले कितना भी स्वतः स्फूर्त वह क्यों न लगे या मानी जाए।'[6] कोई तर्क दे सकता है कि भारत में आदि कवि की वाणी से कविता स्वतः फूट निकली थी। लेकिन तनिक इन कवि की भी सुन ली जाए जो ये लिखते हैं–''मुझे लगता था कि पेड़ को फूल खिलाने के लिए

जरूर कुछ करना पड़ता होगा। बिना पेड़ के चुपचाप कुछ किए, फूल खिल ही नहीं सकते।"[7] यहाँ कवि के तर्क को काटने की जरूरत नहीं बल्कि समझने की जरूरत है। कवि लिखते हैं–"मुझे लगता है कि कठचन्दन गिन कर फल देता था, न कम, न ज्यादा। कविता में शब्द बिलकुल गिनती के होने चाहिए–न कम, न ज्यादा।"[8] तो, यह कवि के लिए साधारण ज्ञान नहीं है कि पेड़ को फूल खिलाने के लिए कुछ करना पड़ता है। उस के लिए यह ऊँचे तत्वज्ञान की जानकारी है कि कठचन्दन गिन कर फल देता है। इस से एक ऐसे ब्रह्माण्ड की बात सामने आती है जिस में सब कुछ मेहनत से और हिसाब से होता है। कुछ भी बेनियम या बेकानून नहीं है। सच में ऐसे दर्शन से मनुष्य आशावान बनता है।

कविता क्या-क्या हो सकती है? इस कवि के लिए 'कविता सब कुछ हो सकती है–कभी वक्तव्य, कभी गान, कभी गाली, कभी प्रार्थना आदि....।'[9] कवि ने बताया है–"कविता अरण्य या शरण्य नहीं है बल्कि उस में हमारा अड़ोस-पड़ोस और संसार सीधे प्रवेश कर सकता है यह अनुभव नई कविता पढ़ कर गहराने लगा था।"[10] कवि ने यह भी नहीं चाहा है कि कविता को किसी वाद-विशेष से जुड़ना चाहिए। कवि वाद या रुझान के खिलाफ नहीं हैं लेकिन वे कविता को वादों के घेरे से बड़ी चीज मानते हैं। वे कविता को उस के उच्च आसन पर बिठाते हैं–"....कविता के भूगोल में हर मार्मिक और मानवीय आवाज के लिए जगह है, भले वक्ती तौर पर किसी खास दृष्टि या विचारधारा या शैली का वर्चस्व या आतंक लगता हो। कविता मनुष्य का स्थायी प्रजातंत्र है।"[11] ऐसी स्थिति में ही वे लिखते हैं–"अगर ज्यादातर कवियों के यहाँ कविता इन दिनों राजनीति है तो मुझ बेचारे के यहाँ वह अध्यात्म होने की अनुमति क्यों नहीं पा सकती?"[12] वे अपनी इस बात को तर्क पर ठीक बैठाते हुए लिखते हैं–"....एक अध्यात्मशून्य, धर्मच्युत और राजनीति आक्रान्त समय में कविता की केन्द्रीय जिम्मेदारी आध्यात्मिक पुनर्वास है और कि आदमी की तकलीफ को नजरअन्दाज या कमतर आकने की कोशिश कविता को अपनी इस जिम्मेदारी से विरत करती है।"[13]

अन्त में कवि कविता की परिभाषा तय करते हुए खुद अपनी कविता के मूल्यांकन पर आते हैं। सीधी-सी बात है, इन्होंने अपनी कविता के मूल्यांकन के काम को दूसरों पर छोड़ दिया है। इन्होंने कविता की कसौटी तैयार करके दूसरों को थमा दी है। वे भलीभांति जानते हैं कि कविकर्म कितना मुश्किल होता है। इसलिए, वे अपनी कविता के बारे में विनम्र हो कर अपनी ईमानदारी और जिम्मेदारी की बात ही रख पाते हैं। वे लिखते हैं–"कविता पर अपना नाम दर्ज करा पाना बहुत कठिन काम है और उस की प्रतिभा बिरलों में होती है। अपने किये-धरे के बारे में बहुत सारे संशय हैं लेकिन मैं इतना यकीनन जानता हूं कि मैंने कविता में अपने सिवाय कुछ और होने की कभी कोई आकांक्षा या चेष्टा नहीं की। अपने अच्छे-बुरे शील पर मैं अड़ा रहा हूँ–कभी मुझे प्रवक्ता, नायक या किसी दृष्टि का वकील होने की जरूरत नहीं लगी। मैं कविता

में कुछ कर पाया हूँ या नहीं यह जाँचना दूसरों का काम है। इतना कह सकता हूँ कि भरसक कुछ करने की मैंने ईमानदारी और जिम्मेदारी से कोशिश की।"[14] यह बेहद अच्छी बात है कि उन की कविता में स्वांग, नाटक, कथनी और करनी का अन्तर, हिप्पोक्रेसी और रिडल्स नहीं हैं।

कवि मानते हैं कि उन की कविता पूरी कविता नहीं है। वे पूरी कविता नहीं लिख पाए। लेकिन जो अधूरी कविता उन्होंने लिखी है उसके बारे में उन्होंने यह निवेदन जरूर किया है—"वह (मेरी कविता) समूचे आदमी की गाथा नहीं है लेकिन कम से कम एक कवि का अपना आदमीनामा जरूर वह है यह बात शायद अलक्षित नहीं जाएगी।"[15] यह बात शायद अलक्षित रह भी जाए लेकिन कवि को एक निजी सन्तोष और भी है। सन्तोष यह है कि कविता ने उन्हें बनाया है। वे क्या बन सके, दूसरे लोग इस बात को अपने ढंग से जानेंगे, लेकिन कवि की खुशी यह बताने में है कि 'कविता मेरे लिए एक लम्बी यात्रा रही है पर अगर वह न की होती तो मैं उतना आदमी भी न रह पाता जितना अच्छा-बुरा हो सका।'[16]

II

कवि भाषा पर अपने विचार के बिना नहीं होता। कविता का प्रस्फुटन भाषा की जिम्मेदारी से निकल कर होता है। अशोक वाजपेयी के भी अपनी भाषा के बारे में विशेष विचार हैं। वे मात्र लिखते नहीं हैं बल्कि सोच-समझ कर लिखते हैं। कहना चाहिए कि कविता में उन का शब्दचयन अपना है। जबकि उन का जन्म बुन्देलखण्ड के क्षेत्र में हुआ है, उन के घर की भाषा खड़ी बोली थी। वे लिखते हैं–"हमारे घर में खड़ी बोली ही बोली जाती थी और बुन्देलखण्डी बोलना लगभग वर्जित था।"[17] यूं, इस पुस्तक के दायरे में खड़ी बोली उन की मातृ भाषा और साहित्यिक भाषा दोनों ठहरती हैं। इसे वे हिन्दी कहते हैं और इस की समृद्धि और इस के विकास के बारे में तंगदृष्टि के विचारक नहीं हैं। उन्होंने अपनी हिन्दी में तद्‍भव और तत्सम दोनों प्रकार के शब्दों को स्वीकारा है। वे लिखते हैं–"....हिन्दी भाषा की असली शक्ति उस की विपुल तद्‍भवता के उस की समृद्ध तत्समता के मेल-जोल से ही निकलती है।"[18]

आज हिन्दी संघ सरकार की राजभाषा है। इस का मतलब है, देश में हिन्दी को एक विशेष दर्जा मिला हुआ है। लेकिन इस के साथ संविधान ने हिन्दी के विकास के लिए रास्ते भी बताए हैं। उन में से एक रास्ता है कि हिन्दी को विकसित किस प्रकार किया जाएगा। एक तरह से वह राजभाषा हिन्दी की परिभाषा है। उसे बताते हुए संविधान के अनुच्छेद-351 में लिखा गया है–"351, हिन्दी भाषा के विकास के लिए निदेश–संघ का यह कर्तव्य होगा कि वह हिंदी भाषा का प्रसार बढ़ाए, उसका विकास करे जिससे वह भारत की सामासिक संस्कृति के सभी तत्वों की अभिव्यक्ति का माध्यम बन सके और उसकी प्रकृति में हस्तक्षेप किए बिना हिंदुस्थानी में और आठवीं अनुसूची में विनिर्दिष्ट भारत की अन्य भाषाओं में प्रयुक्त रूप, शैली और पदों को आत्मसात करते हुए और जहां आवश्यक या वांछनीय हो वहां उसके शब्द-भंडार के लिए मुख्यतः संस्कृत से और गौणतः अन्य भाषाओं से शब्द ग्रहण करते हुए उसकी समृद्धि सुनिश्चित करे।"[19]

राजभाषा हिन्दी की परिभाषा ऊपर बता दी गई है। यदि साहित्यिक हिन्दी की परिभाषा बताई जाए तो वह कैसी होगी? हर किसी की अपनी परिभाषा हो सकती है लेकिन अशोक वाजपेयी ने जो साहित्यिक हिन्दी की परिभाषा दी है, वह उन के इन शब्दों में मिलती है–"मुझे बराबर यह महसूस होता रहा है कि अधिकांश हिन्दी कविता

ने भाषा की उस अपार सम्पदा का, उस की सारी सम्भावनाओं, अन्तर्ध्वनियों और अनुगूंजों के साथ उपयोग ही नहीं किया जो हिन्दी को सुलभ है। एक ओर संस्कृत की शास्त्रीय समृद्धि और सूक्ष्मता, दूसरी ओर ब्रज, अवधी आदि बोलियों का स्पन्दन और जीवन्तता और तीसरी ओर अरबी-फारसी की नफासत और कहन की भंगिमाएं। इन सब की अपनी पारम्परिक लयों, छवियों और व्याप्ति से एक बेहद रंगारंग, जटिल और मानवीय दुनिया बनती है जो किसी भी कविता के लिए अपार सम्भावनाएँ और चुनौतियों का विषय हो सकती है। फिर कविता सिर्फ लिखी-रची भाषा से नहीं बोली-बरती भाषा से भी बनती है। इधर की हिन्दी कविता का न केवल यथार्थ सीमित है, उसका भाषाई रेंज भी संकुचित है।''[20]

इस से पता चलता है कि अशोक वाजपेयी हिन्दी भाषा के आन्दोलन से भी जुड़े हुए व्यक्ति हैं। उन की यह साहित्यिक भाषा लगभग हिन्दुस्तानी है जिस में तत्समता पर कुछ ज्यादा जोर है। चूंकि, उनका सांस्कृतिक परिवेश द्विज संस्कृति का है, इसलिए यह स्वाभाविक है। जिन का भाषाई परिवेश दूसरा है, वे हिन्दी में तत्समता के बजाय तद्भवता पर ज्यादा निर्भर करते हैं। फिर भी, एक बात सच है कि उनकी तत्समता बोझिल तत्समता नहीं है। उन्होंने कविता में संस्कृत की सन्धि वाले लम्बे शब्दों का प्रयोग नहीं किया। उन के यहाँ खड़ी बोली की विश्लेषणात्मक प्रवृत्ति का मिजाज पूरी तरह सुरक्षित है और सजता है। उन की लेखनी से हिन्दी अपने मूल स्वभाव के अनुकूल बनी है। संश्लेषणात्मक शैली के विरुद्ध होने के कारण उन की हिन्दी अंग्रेजी की तरह विकास करती रही है। इसी वजह से उन की कविता में शब्द 'सूर्य आकाश'[21] का प्रयोग हुआ है 'सूर्याकाश' का नहीं। डर होता है, यह देख कर कि कहीं उन का पण्डितनुमा कोई आलोचक उन के नम्बर न काट दे कि अशोक वाजपेयी को 'अ + आ = आ' की साधारण स्वर-सन्धि भी नहीं आती। लेकिन हिन्दी का असली मिजाज वही है जो अशोक वाजपेयी ने बिना सन्धि के ऊपर प्रयोग किया है। 'सूर्याकाश' में 'सूर्य' और 'आकाश' दोनों गायब हो जाते हैं और न ही व्यंजना की शक्ति से कुछ तीसरा बनता है।

III

अशोक वाजपेयी के काव्य को समझने के लिए दो हिस्से करने पड़ेंगे—एक अशोक वाजपेयी और दूसरे उन के संस्कार। हां, ये दो लेखक हैं। कई जगह ये दोनों एक हो जाते हैं और कई बार ये दोनों अलग-अलग बोलते हैं। कभी संस्कार उन पर हावी हो जाते हैं तो कभी वे संस्कारों की गिरफ्त से बच-निकल भागते हैं। इन कविताओं में ऐसा हुआ है कि संस्कारों को पीछे छोड़ कर वे खुद भी बोलने लग जाते हैं। असल में, ये कविताएँ दो व्यक्तियों ने लिखी हैं—एक अशोक वाजपेयी ने और दूसरे उन के संस्कारों ने। इन्हें अशोक और वाजपेयी कहा जाए तो ज्यादा ठीक रहेगा। इस समीक्षा का शीर्षक 'अशोक बनाम वाजपेयी' रखा गया है लेकिन कई बार यह शीर्षक 'अशोक और वाजपेयी' भी है।

संस्कार हर किसी को मिलते हैं। मनुष्य समाज का कोई व्यक्ति बिना अपने जातीय संस्कारों के नहीं है। फिर, अशोक वाजपेयी के समाज में संस्कारों की कुछ ज्यादा ही लाद होती है। वे इस तथ्य को स्वीकार करते हुए लिखते हैं—"उन (नाना) के साथ नौ-दस बरस उमर में, बिना अर्थ समझे, मैंने भी मानस का दो-तीन बार अखण्ड पाठ किया था।"[22] यह दूसरी बात है कि यह कवि तुलसी के बजाय कबीर के हो गए। यह इन का अपनापन है। इस कबीर के बन रहने में विद्रोह प्रकट होता है। लेकिन कवि बनने में संस्कारवश फिर द्विज बन गए हैं। वे लिखते हैं—"कविता जीवन का उपहार तो है ही पर वह भाषा का उपहार भी है। न बिना जीवन के कविता सम्भव है, न बिना भाषा के। बल्कि कविता भाषा का जीवन है। इस अर्थ में वह जीने की एक विधि है। सच्चे और गहरे अर्थों में कवि कविता के माध्यम से ही जीता है। इस का आशय यह भी है कि कवि द्विज होता है : वह कविता के रूप में दूसरा जीवन पाता है।"[23] बात सारी ठीक है लेकिन भाषा के प्रयोग का अन्तर है। दलित इस 'द्विज' शब्द को इसी रूप में सह सकते हैं कि इस से पहले उन्हें 'त्विज' कह दिया जाए।

कवि ने अपनी कविता को विषय की दृष्टि से बहुत सरल बनाया है। कविता में उस का गहरा चिन्तन है लेकिन वह अपने परिवार और पड़ोस से दूर नहीं है। उन्होंने लिखा भी है—"अगर कोई मुझे परिवार और पड़ोस का कवि कहे तो मुझे एतराज न होगा।"[24] यह पूरी तरह सिद्ध होता है कि वे परिवार और पड़ोस के कवि हैं। लेकिन उन्हें एतराज तब भी नहीं होना चाहिए जब उन्हें पूर्वजों और सन्तानों का कवि कहा

जाएगा। यह बात इसलिए भी सच है क्योंकि वे संन्यासी नहीं बने हैं। संन्यासी बन कर वे उलटी-सीधी बात नहीं करते कि वे अजन्मे हैं। वे इतने घमण्डी नहीं हैं कि निर्नमस्कार हो गए हों। वे बाकायदा मानते हैं कि वे अपने पूर्वजों की सन्तान हैं और अपनी सन्तति से बेहद प्यार करते हैं। वे अपने पूर्वजों के प्रति कृतज्ञ होते हुए लिखते हैं—''मुझे लगता है कि बीसवीं शताब्दी में जिस तरह का समयबोध हावी हुआ उस में इस एहतराम की जगह कम रही कि हमारा बहुत कुछ हमारे पूर्वजों की वजह से है, उन का दिया हुआ है।''[25] उन्होंने अपनी इस बात को और तीव्रता और गहराई देते हुए पुनः लिखा है—''देखा जाए तो भले कितने ही नए ढंग और प्रगल्भ दुस्साहस से हम कविता क्यों न लिखें, उस में कहीं-न-कहीं पूर्वज बोलते हैं; जिसमें पूर्वज नहीं बोलते हैं उस कविता के टिकाऊ होने में मुझे सन्देह होता है। मैंने थोड़ी-बहुत चेष्टा की कि मेरी कविता पूर्वजों की उपस्थिति और उन के प्रति अपनी कृतज्ञता को अपने स्वाभाविक गठन में ही ध्वनित और अन्तर्ध्वनित करे।''[26] इसी बात को वे अपनी कविता 'पूर्वजों की अस्थियों से' में काव्य की भाषा में इस प्रकार तिहराते हैं :

''हम अपने पूर्वजों की अस्थियों में रहते हैं

....

हम अपने बच्चों को
छोड़ जाते हैं पूर्वजों के पास
काम पर जाने के पहले।''[27]

और लो, क्या-क्या करिश्में होते हैं कवि के सामने, इस बार उन के लिए 'पक्षियों में बदल गए पूर्वज।'[28]

यह एक मार्के की बात है कि पितृसत्तात्मक समाज का कोई व्यक्ति अपनी माँ को याद करे। अशोक वाजपेयी ने अपने द्विज समाज के प्रति यह एक तरह से गुनाह ही किया है। उन्होंने सन् 1960 में 'अपनी आसन्नप्रसवा माँ के लिए तीन गीत' शीर्षक से कविता लिखी तो सन् 1994 में 'दिवंगत माँ के नाम पत्र' से एक दूसरी कविता लिखी है। माँ ने अपने बच्चों को बहुत प्यार से पाला है। कुआँ घर के अन्दर है लेकिन कवि को याद आता है—''जिस के पास हम सब नहाते थे/यों तो पानी से, पर तुम्हारे सजल लाड़-दुलार से....।''[29] हर बच्चे को अपनी अच्छी माँ की ऐसी यादें आया करती हैं। वे एक चतुर और जिम्मेदार गृहिणी थीं। कवि को अपनी माँ के नाम से याद आ रहा है :

''अभी रुकेगा ताँगा और उस से उतरेंगे मेहमान
तुमने अन्दर कहीं न जाने कहाँ उन के लिए चाय चढ़ा दी है
और तुम मुझे दौड़ कर सामने नाना के यहाँ से
कुछ खुरमा-नमकीन लाने को कह रही हो....।''[30]

कवि माँ का सम्मान करते हैं लेकिन माँ के भगवान का? इस मामले में वे व्यंग्य कर के रह जाते हैं—''एक आले में लटके हैं तुम्हारे भगवान।''[31] कवि यादों के

माध्यम से दिवंगत माँ के साथ अपना तादात्म्य स्थापित करते हैं जिस में जन्मांतर का कोई भ्रम नहीं है—''अनन्त में जहाँ तुम हो/पितरों के जनाकीर्ण पड़ोस में/वहीं अपने ढीले पैन्ट को सम्हालता/मैं भी गुड्डन/जैसे यहाँ इस असम्भव सुनसान में तुम हो/इस कविता, इन शब्दों, इस याद की तरह/दिदिया....।''[32]

चिन्तन और हृदय की दृष्टि से इस संकलन 'आधुनिक कवि' की सब से महत्वपूर्ण कविताओं में दो इन शीर्षकों की हैं—'अपने नवजात पोते के लिए एक स्वागत-गीत' तथा 'अपने पोते की दूसरी वर्षगाँठ पर एक प्रार्थना।' इन कविताओं तक आते-आते कवि के मन में कोई भ्रम बाकी नहीं रहा है। भ्रम पहले भी नहीं थे लेकिन इसमें जन्मान्तरवाद इस दृष्टि से खण्डित होता है कि वे अपने पूर्वजों को अपने पोते से मिलाते हैं। धरती पर मनुष्य के वे ही गीत मधुर और सुन्दर हैं जो अपने पूर्वजों पर और अपनी सन्तति पर लिखे जाते हैं। जन्म और मृत्यु पर हंसना-रोना व्यक्तिगत होता है लेकिन यहाँ कवि और दार्शनिक के हाथों में मनुष्य की अमर-बेल आ जाती है।

कवि ने अपने पोते के स्वागत में लिखा है—''एक नक्षत्र ने कहा कि चलो/फिर पृथ्वी से धूल-धक्कड़ में,/समय के कीचड़ में,/होने-न-होने की मिट्टी में सना-खेला जाए।''[33] कवि के छोटे भाई के मन में एक जिज्ञासा और उठी है—''पूछ तो लो, कहीं दिदिया या काका ही तो वापस नहीं आ गए हैं।''[34] लेकिन यह फिर पुनर्जन्म नहीं है। बात वहीं पुरखों पर टिक आती है—''एक बहुत पुराने पुरखे ने कहा होगा दूसरों से कि जरा सीधे बैठें/ ताकि उन्हें वह साफ-साफ दीख सके/और वे कह सकें कि वह किस पर गया है।''[35] यही दिदिया या काका में से किसी का आना है। पर क्या इन शब्दों में पुनर्जन्म की सी बात नहीं है—''जैसे जाना लगातार है/वैसे ही आना भी : / जो जा रहा था तभी उसे शायद ही पता हो कि वह आ रहा है।''[36] पर यह आना और जाना तथा जाना और आना भी पूर्वज के रूप में सम्भव हुआ है। जीवन को कवि ने अटूट माना है। अपनी कविता 'सब कुछ निरन्तर है'[37] में वे लिखते हैं—''कि हम मरते या मिटते कहाँ हैं?/कि हम होते चलते हैं बार-बार/और फिर भी ऐसे कि पहली बार/और इस बार तो जैसे सचमुच पहली बार।''[38] अपनी दूसरी कविता में कवि ने बहुत साफ लिखा है—''विरासत में मैं तुम्हें देवता नहीं पूर्वज सौंपूँ।''[39] ख्याल किया जाए तो इस दृष्टि में इस से बढ़िया दूसरी बात हो ही नहीं सकती थी कि 'विरासत में मैं तुम्हें देवता नहीं पूर्वज सौंपूँ।' न देवता हैं, न ईश्वर है, न बन्दर हैं, न भालू हैं और न पुनर्जन्म के सिद्धान्त वाली लख चौरासी योनियाँ ही हैं—यदि कोई हैं तो वे केवल मनुष्य के अपने पूर्वज हैं।

भारत में जो हिन्दुओं ने मोक्ष की, बौद्धों ने निर्वाण की और जैनियों ने कैवल्य की प्राप्ति का शोर मचा रखा है, इस से मनुष्य भ्रमित और राष्ट्र कमजोर हुआ है। मोक्ष, निर्वाण और कैवल्य की इस तिकड़म से दूर प्रार्थना वही है जो इस कवि ने अपनी कविता 'एक प्रार्थना बेटी के लिए' में की है :

"उस की नींद गहरी और सपने निगहबान रहें
पर अगर काम पर जाना है तो
उसे सुबह थोड़ा जल्दी उठने को कहो,
कम-से-कम चिड़ियों और सूरज के साथ तो।"[40]

बिना किसी उलझन के ये चार पंक्तियाँ इस पुस्तक की श्रेष्ठतम पंक्तियाँ कही जा सकती हैं। बच्चे ईश्वर से अपने माँ-बाप के लिए वही प्रार्थना करते रहें जो कोलरिज ने अपनी अंग्रेजी कविता में करवाई है तथा माँ-बाप अपने बच्चों के लिए यही प्रार्थना किया करें जो अशोक वाजपेयी ने अपनी इस हिन्दी कविता में की है। जिम्मेदारी की दृष्टि से उनकी यह विश्व स्तर की कविता है। यह जो हिन्दी के साहित्यिक आयोजनों में सब से पहले 'सरस्वती वन्दना' गाने की परम्परा चल निकली है उस के स्थान पर यदि अशोक वाजपेयी की इस कविता को गाया जाए तो ज्यादा अच्छा रहेगा। इस कविता की कुछ और पंक्तियाँ नीचे दी जा रही हैं :

"उसे पाने दो कामकाज में ही सुन्दरता
उसे सयानापन दो,
पर बची रहने दो उसकी निरनुभव सरलता।
उसे सख्त दुनिया में संघर्ष करने की इच्छा और शक्ति दो,
पर खिली रहने दो उस के मन में कोमल-हरी पत्तियाँ।"[41]

नुकसान यह हुआ है कि बच्चों पर ध्यान न दे कर पुराने भारत के लोग मोक्ष, निर्वाण और कैवल्य के भ्रम में पड़े रहे हैं। कम से कम अब तो पुराना भारतीय समाज सीधी राह पर आए।

'थोड़ा-सा इतिहास' इस संकलन की एक अन्य महत्वपूर्ण कविता है। इस में अशोक वाजपेयी यह कह रहे हैं कि यह उन की कविता है लेकिन उन से ज्यादा यह उन की संस्कृति की कविता है। इस में वे अपनी संस्कृति से ऊपर नहीं उठ सके बल्कि भूल में उसी रमक में बह गए हैं। बताया जा सकता है कि इतिहास को ले कर उन की संस्कृति बहुत गलत जगह खड़ी है। अशोक वाजपेयी के साथ गनीमत है कि उन्हें कम से कम 'थोड़ा-सा इतिहास' जरूर चाहिए लेकिन उन की द्विज परम्परा को तो यह 'थोड़ा-सा इतिहास' भी नहीं चाहिए। इतिहास की सच्चाई के बजाय वह पुराण, किंवदन्ती और संस्कृति पर टिकी है। इसी सांस्कृतिक प्रवृत्ति की वजह से इतिहास उनके हाथ से छूटता रहा है। हुआ यह है कि जितनी द्विजों ने इतिहास की मजाक की है, पलट कर इतिहास ने उन्हें उतनी ही कड़ी सजा दी है। कहना चाहिए कि भारत में ब्राह्मण लोग इतिहास के पैदायशी बैरी हैं। इतिहास से इन का यह बैर बहुत पुराना है। इस की खोल-बांध बहुत लम्बी है। यहाँ उस सब का जिक्र नहीं किया जा सकता। बस, संक्षेप में इतना कहा जा सकता है कि जो कौमें इतिहास का सम्मान नहीं करतीं वे गुलाम कौमें होती हैं और जो व्यक्ति भारत के ब्राह्मणों को गुलाम कौम न कहे उस से

बौद्धिक स्तर पर अलग से बहस की जा सकती है। खैर, अशोक वाजपेयी की यह कविता विवादास्पद हो सकती है। अपनी सांस्कृतिक परम्परा में उन्होंने इसमें सही लिखा है :

"हमारी जिम्मेदारी तो इस आड़े-तिरछे समय में
किसी तरह बचे रहने की है,
इतिहास बनाने-बचाने का जिम्मा
सौभाग्य से हम पर नहीं है।" [42]

संकलन की एक अन्य कविता 'मैं अपने गुनाह' में भी यही ध्वनि निकलती है जब वे लिखते हैं—"न ही जीना और बचे रहना/कोई सीधा समीकरण है।"[43] सवाल यही है कि द्विज-भारतीयों की जिम्मेदारी 'किसी तरह बचे रहने की है', बचे रहने के स्तर की इन्हें चिन्ता नहीं है। कवि की द्विज-संस्कृति ने जल्दी विश्वास कर लिया है :

"सुनते हैं लड़ाइयाँ करीब-करीब खत्म हो चुकी हैं
कहते हैं रोजमर्रा की झंझटें ही इन दिनों बना रही हैं इतिहास।"

सच यह है कि धरती से लड़ाइयाँ बिलकुल खत्म नहीं हुई हैं। वे ज्यों की त्यों देश और समाज के सामने मौजूद हैं। यह आज के अन्तरराष्ट्रवाद और भूगोलीकरण की बात नहीं है, अशोक वाजपेयी की सांस्कृतिक परम्परा ने कई हजार साल पहले से यह घोषित कर रखा है कि उन के हिसाब से धरती पर लड़ाइयाँ खत्म हो चुकी हैं। चाहे वह ब्राह्मण संस्कृति हो, चाहे बौद्ध संस्कृति हो और चाहे जैन संस्कृति हो, एक बार भारत के लोगों को दास बना कर और उन्हें शूद्र कह कर इन्होंने बहुत पहले से युद्ध के अपने हथियार दीवारों पर टांग कर रख रखे हैं। यह अच्छा हुआ कि इस देश की रक्षा बाहर से इस्लाम और ईसाइयत की संस्कृतियों ने आ कर की है। यदि यहाँ इस्लाम और ईसाइयत के मजबूत धर्म न होते तो सोचा जा सकता है कि इस देश की राजनैतिक और सामाजिक गुलामी का और क्या-क्या हाल होता।

एक बात का ध्यान रखा जाना चाहिए कि इस कविता में मार्क्सवाद और प्रगतिशीलता के चिह्न नहीं देखे जा सकते। 'रोजमर्रा की झंझटें ही इन दिनों बना रही हैं इतिहास' में किसी प्रकार की क्रान्ति नहीं सुलझ रही है। उलटे, यह बिलकुल वैसी ही बात है कि देश पर विदेशी आक्रमणकारियों के घोड़े चढ़ कर आ रहे हों और खेतों में नूढ़ कर लाइ काटने वाले मजदूर दांये हाथ की दरांती को थाम, थोड़ी देर कमर सीधी करते हुए खड़े हो कर उन का तमाशा देख रहे हों। रोजमर्रा की झंझटों का मतलब है कि मन्दिर लुटने के बाद पुजारी धूप-बत्ती से फिर लोगों को ठगने का धंधा-पूजा शुरू कर देंगे। सन् 1947 तक हिन्दुओं का धार्मिक नेतृत्व पुराण-पूजा के गपोड़ों के कारण पिटा है। लेकिन सन् 1947 में आजादी मिलने के बाद उसने पुनः और भी जोरों से पुराण-कथाओं का बाचना शुरू कर दिया है—देश बिलकुल खतरे में है।

निश्चित रूप से अशोक वाजपेयी पुराण-कथा वाचन की परम्परा के कवि नहीं हैं। उन की कविताओं में पर्याप्त बौद्धिकता मिलती है। अपने तईं उन्होंने जीवन

में कमजोरी की कविता भी नहीं लिखी। लेकिन देश और समाज के लिए इस कविता का क्या प्रयोजन है – ''हमें हार-जीत का कौशल नहीं / जीने की सीधी-सादी हिकमतें चाहिए / और उस के लिए थोड़ा-सा इतिहास काफी है।'' इन पंक्तियों में योद्धाओं के लिए कोई सम्बोधन नहीं है। सब से ज्यादा तंग शब्द 'हिकमत' करता है। यही कहा जाना चाहिए कि इस शब्द में अशोक वाजपेयी नहीं बल्कि उन की संस्कृति बोल रही है। लेकिन इस कविता में व्यंग्य भी लगातार कारगर है। इन शब्दों में उन की संस्कृति के बजाय खुद अशोक वाजपेयी बोल रहे हैं – ''जिन पर है इतिहास का बोझ / वे अब साफ-साफ हमारे मुहल्ले में दिखाई नहीं देते। / शायद तड़के घूमने जाते हों अपने कुत्ते के साथ, / शायद देर रात कोई मोटी पोथी बाँचते-लिखते हो.....।''[44] इस व्यंग्य को कविता की शुरू की चार पंक्तियाँ पूरी तरह सार्थक करती हैं – ''हमें थोड़ा-सा इतिहास चाहिए / बस इतना कि / जैसे नलके में पानी न आ रहा हो / तो चुल्लू-भर पानी से भी मुँह धोया जा सकता है।''[45]

कवि के कहने के ढंग हजार होते हैं। यहाँ कहीं वे यह तो नहीं कह रहे हैं कि मुँह धोने के बजाय चुल्लू-भर पानी में डूब कर भी मरा जा सकता है? अर्थ कुछ भी हो, मुहावरा तो यही है। वैसे, अपनी 'लुहार' नाम की कविता में उन्होंने इतिहास का अपमान करके पुनः लिख दिया है–''जैसे इतिहास अशुद्धता है/ जो गल कर लोहे से अलग हो जाएगी।''[46] लगता है, पुराने भारतीय दर्शनों की सारी दृष्टि समय और इतिहास के विपरीत बही है। आत्मा की खोज के चक्कर में पुराने भारतीय चिन्तन ने समय और इतिहास को कोई महत्व नहीं दिया। अशोक वाजपेयी उसी क्रम में अपनी 'कुम्हार' नाम की कविता में लिखते हैं–''मैं समय नापता नहीं हूँ/उसे अपने चके पर मिट्टी के लोदे-सा रख कर/ रचता भर हूँ।''[47] भारत के आत्मवादियों और अनात्मवादियों के बारे में लगता ऐसा है कि ये समय, इतिहास और काल को खा गए हैं, लेकिन जवाब में यह सच इन के सिरों से उतरा है कि समय, इतिहास और काल इन्हें निगल गए हैं। पूछा जा सकता है, क्या भारत के ब्राह्मण, बौद्ध और जैन सन् 1947 तक गुलाम कौमों के लोग नहीं थे?

अशोक वाजपेयी ने अपने लम्बे कथन में अंग्रेजी के 'रैडिकलिज्म' शब्द को महत्व दिया है। साथ ही, इस शब्द से उन्होंने कई इशारे किए हैं। इस शब्द को ले कर उन का कथन इस प्रकार है–''चूँकि प्रेम, यथार्थ और स्वप्न के बीच कहीं अवस्थित होता है और अक्सर जितना सच होता है उतना ही सपना भी, अतिरेक मेरी प्रेम कविता का लगभग स्थायी भाव सा है। एक ऐसे समय में जब परिवार जैसी संस्था का विघटन होता जा रहा है, प्रेम का दैनंदिन अवमूल्यन किया जा रहा है, अधिकतर समुदायों से पड़ोस की अवधारणा का लोप हो चुका है, किसी तरह के अतीत या भविष्य से काट कर हमें एक शाश्वत वर्तमान में रहने पर एक तरह से विवश किया जा रहा है, मुझे यह कहते हुए संकोच होता है कि कविता में परिवार, प्रेम, पड़ोस और अनन्त के पुनर्वास की मेरी

लगातार चेष्टा को रैडिकलिज्म में बहुत कम देखा गया है। हमारे यहाँ रैडिकलिज्म का इतना मोटा-मोटा, अक्सर फूहड़, सामाजिक कर्म में अनुवाद किया गया है कि यह भुला दिया जाता है कि कविता अपने ढंग और अपनी शर्तों पर रैडिकल होती है और उसे उस के गहरे आशयों में पढ़ कर उस की मूलगामिता को समझने की जरूरत है। यह वक्तव्य या दावे का रैडिकलिज्म नहीं है, यह चरितार्थ में प्रगट मूलगामिता है। कविता इसी मुकाम पर स्वयं राजनीति है क्योंकि वह दी हुई व्यवस्था और चालू विषयों और मुहावरों का अतिक्रमण करती है।"[48]

यहाँ इतना ही कहा जा सकता है कि कवि को अपने 'रैडिकल' होने का मोह त्याग देना चाहिए। यह ठीक है कि हिन्दी में 'रैडिकल' शब्द का अनुवाद हिन्दी के संदर्भ में ही किया जाना चाहिए लेकिन वह मूल से इतनी दूर न चला जाए कि उस का अर्थ ही खू जाए। अच्छा हो कि 'रैडिकल' जैसे शब्द का अनुवाद न किया जाए और इसे हिन्दी में 'रैडिकल' ही लिखा जाए। तब कम-से-कम कुछ तो इस की मौलिकता बची रहेगी। यह कवि इस रूप में जरूर 'रैडिकल' है कि कविता में सच बोला है लेकिन असली 'रैडिकल' शब्द कवि से कुछ और भी अपेक्षाएँ रखता है। उन अपेक्षाओं का जिक्र आगे किया जाएगा जिन से रैडिकैलिज्म सधता है।

IV

कवि पर कबीर का काफी प्रभाव है। इसे उन्होंने छुपाया भी नहीं है। इस पुस्तक से पता चलता है कि उन के प्रिय कवि कबीर ही हैं। उन के प्रश्न भी ऐसे हैं जिन के उत्तर केवल कबीर के पास हैं। किसी दूसरे के पास उन की समस्याओं के समाधान नहीं हैं। एक 'घर' का ही मामला लिया जा सकता है। वे पूछते हैं—"हम किस से अपना घर/ सुख पूछने जाएंगे?"[49] वे इसी कविता में आगे पूछते हैं—"कहाँ से आएगी वह प्रतिध्वनि/जो हमें घर लौटाएगी?"[50] कबीर का उत्तर है :

"अवधू, भूले को घर लावै।
सो जन हमको भावै।।
घर में जोग भोग घर ही में, घर तज बन नहिं जावै।
घर में जुक्त मुक्त घर ही में, जो गुरु अलख लखावै।
सहज सुन्न में रहै समाना, सहज समाधि लगावै।
उन्मुनि रहै, ब्रह्म को चीन्है, परम तत्व को ध्यावै।
सुरत-निरत सो मेला करके, अनहद नाद बजावै।
घर में बसत बस्तु भी घर है, घर ही बस्तु मिलावै।
कहैं कबीरा सुनो हो साधू, ज्यों का त्यों ठहरावै।"[51]

कबीर इस कवि की कविताओं में हर तरह से मदद के रूप में आते हैं। बदले हुए समय के हिसाब से एक कविता में लिखा गया है—"राम झरोखे से कबीर उन का/ और उन के संसार का मुजरा लेता है/और कम से कम इस बार साधुओं से कुछ नहीं कहता।"[52]

कुमार गन्धर्व ने कबीर को नई शैली में गाया है। कबीर का निर्गुण गाते समय वे कबीर से एकाकार हो जाते थे। कवि का इस गायक से निकट का सम्बन्ध था। जब कुमार गन्धर्व याद आते हैं तो कवि को कबीर भी याद आते हैं। ध्यान देने की बात यह है कि कवि को कबीर जुलाहे के रूप में याद आते हैं। वे डा. हजारी प्रसाद द्विवेदी की तरह कबीर की प्रशंसा करने में कबीर के जुलाहेपन से नाक-भौंह नहीं सिकोड़ते। उनकी कविता है – "शब्द एक के थे और सुर दूसरे का/उस शैव चबूतरे के पास / जब वह जुलाहा आया अपना इकतारा लिए हुए/तो मुश्किल था उस के लिए भी एक को दूसरे से अलगाना।"[53]

पीछे देखा गया है कि अशोक वाजपेयी कबीर को बेहद सम्मान से देखते हैं। इस में वे उन के जुलाहेपन से चिढ़ते नहीं हैं बल्कि उनका सम्मान बढ़ता है। कबीर की वजह से वे दलित-पिछड़ी जातियों से दुराव नहीं रख सकते। इस महान जुलाहे की शागिर्दी में उन्होंने कुम्हारों, लुहारों, बढ़ियों और मछुआरों से खुद को जोड़ा है। वे लिखते हैं—''मैंने सच, सपना, इतिहास, समय, भविष्य आदि पर कुम्हार, लौहार, मछुआरे आदि जैसे बीसवीं शताब्दी द्वारा हाशिए पर डाल दिए गए चरित्रों के मर्मकथनों की एक शृंखला के माध्यम से अपनी पहली लम्बी कविता लिखी जो सात खण्डों में है।....यों तो उस कविता में कवि स्वयं एक माइनर चरित्र है पर दरअसल पूरी कविता, इन अलग-अलग आवाजों में चरितार्थ, कवि के बारे में ही है। उसमें तथाकथित यथार्थ का अभाव नहीं है लेकिन विस्तार फिर वितान बन जाता है।''[54]

इस संकलन की 'बढ़ई' शीर्षक की कविता इसलिए महत्वपूर्ण है क्योंकि शिल्पी और दार्शनिक में अन्तर नहीं किया गया है। ऐसा नहीं है कि मजदूर, किसान और कारीगर केवल काम करेंगे और सोचने का ठेका किसी और का होगा—अर्थात ब्राह्मण का। कविता के शुरू में ही लिखा गया है—''मैं सिर्फ अपना रन्दा नहीं चलाता/या ठोंक-पीट ही नहीं करता रहता, हूँ /मैं अपना काम करते हुए सोचता भी हूँ।''[55] बढ़ई सोचने के साथ-साथ सपने भी देखता है। उस का एक सपना इस प्रकार है – ''मैं कभी-कभी सपना देखता हूँ कि/मैंने आसमान के बराबर एक मेज बनाई है / और उस पर सब को खाने का न्यौता दिया हैः/हर रंग के लोगों को, ब्राह्मण और अछूत को,.. ...नाइयों और मछुआरों को....।''[56] लेकिन यह सोच और यह सपना तब अपने अर्थ और भाव से तिरोहित हो कर रह जाता है जब इसी कविता में लिखा मिलता है—''पर यह तो सपना हैः/भला एक बढ़ई के बुलाए इतने मेहमान जीमने कभी जाएंगे भला।'' इस कविता में ब्राह्मण और अछूत दोनों को न्यौते दिए गए हैं लेकिन अनन्तदास की लिखी 'कबीर परिचई' में काशी के ब्राह्मणों को जुलाहे कबीर से शिकायत यह थी कि कबीर ने ब्राह्मण नहीं जिमाए थे बल्कि शूद्र जिमाए थे।

'मछुआरा' शीर्षक की कविता और गहरी गई है। बात सीधी-सी है, मछुआरा है तो उस का जाल भी है। वह जाल में मछलियां फाँस रहा है। वह जाल लगा कर अपनी नाव में बैठा ही इसलिए है। कवि ने मछुआरे के रूप में लिखा है—''कभी अपनी नाव पर अनमना बैठा मैं सोचता हूँ।''[57] जो सोच है, वह विराट-दर्शन की है। मछुआरा खुद से पूछता है –''जो सुन्दर है उसे देर-सबेर कोई-न-कोई लील क्यों जाता है?/पानी का सच जाल का सच नाव का सच और मछलियों का सच/एक दूसरे के खिलाफ क्यों हो जाता है?''[58] सोचते-सोचते यह विराट-दर्शन खूंखार हो जाता है। सब कुछ एक-दूसरे पर बाज का झपट्टा और शेर का शिकार हो जाता है। तब जो ज्ञान उदय हुआ है वह इन शब्दों में व्यक्त किया गया है—''यह सिर्फ हमारे समय का फेर नहीं हैः/यह तो सदा से ऐसा ही है।/जैसे यह सचाई भी कि हम सब आखिरकार/एक दूसरे के जाल

में फंसे हैं/और सवाल हर समय सिर्फ इतना-सा है कि कौन /किस को पहले फाँसता और खाता है।'' [59] कहने का मतलब यह है कि यह मछुआरा किसी भूल में नहीं है। वह रक्तरंजित दांतों की कहानी बखूबी जानता है।

प्रस्तुत काव्य-संकलन अधूरा रह जाता यदि इस में 'चमार' का जिक्र न होता। चमार उत्तर भारत की इतनी बड़ी जाति है कि हर गाँव में पाई जाती है। यह भारत की अति महत्वपूर्ण जाति है। विद्वानों ने ईमानदारी से मूल्यांकन नहीं किया लेकिन आधे से ज्यादा भारत का निर्माण इस अकेली चमार जाति ने किया है। वैचारिक और धार्मिक स्तर पर भी यह शून्य में नहीं जी है। जब कवि 46 वर्ष के हो कर अपने पुराने घर की तलाश करने जाते हैं तो वह उन्हें ढूँढे मिलता नहीं है। घर खू गया है जिस बदलाव में कवि ने यह भी विशेष रूप से महसूस किया है कि 'बन्द हो गई भगतें चमारों की।'[60] बस, कवि यह बताना भूल गए कि इस दौरान चमार अम्बेडकरवादी हो गए हैं। उन्होंने अपनी पुरानी भगतें छोड़ दी हैं। चमार कौम का वैचारिक परिवर्तन और विकास बहुत तेजी से हुआ है। कुछ दिन में पता चलेगा कि सच को खोजते-खोजते वे अपने मूल आजीवक धर्म पर आ गए हैं।

लेकिन वह उन का मौहल्ला कैसा था जिसकी वे खोज करने गए थे? वह एक छोटा-सा आदर्श मिनी भारत था। उसे सचमुच तीर्थ कहा जा सकता है। कवि ने उस मौहल्ले का संक्षिप्त वर्णन किया है—''मुहल्ले में तब बहुत कम दुकानें थीं लेकिन चमारों, कुछ मुसलमानों और ईसाइयों की बस्तियां थीं। एक पुराना देवी का मन्दिर और वृन्दावन बाग थे, छोटी सी मजिस्द थी। मुहल्ले के छोर पर एक चर्च और स्वीडिश मिशन हाई स्कूल।''[61]

कवि का दलित-पिछड़ों से जुड़ने का मन बना हुआ है। उन्होंने अपने इस भाव को कविता के व्यवहार में उतारा है लेकिन उन्होंने इस का दार्शनिक आधार भी खोजा है। यह सामान्य और विशेष के अन्तर्सम्बन्धों का तर्क है। वे लिखते हैं—''हम विशेष को सामान्यीकृत करें यह ठीक है। लेकिन उतना ही जरूरी है कि हम सामान्य में, निपट साधारण में विशेष को खोज-पा सकें।''[62] वास्तव में, यह घट-घट में राम को खोजने वाली बात ही है।

अशोक वाजपेयी ने 'आदमी होने की तकलीफ'[63] के एक बहुत ही मर्म भरे मुहावरे का प्रयोग किया है। यदि उस आदमी होने में भी भारतीय स्थिति के 'अछूत होने को' और जोड़ दिया जाए तो तब वह तकलीफ पूरे आत्यन्तिक दर्द में तब्दील हो जाती है। फिर पीड़ा के बजाय क्रोध और युद्ध सामने आते हैं। लेकिन ये कवि मनोभूमि में इस जगह आने से पहले ही अपनी कविता को विराम दे चुके हैं। इसलिए उन की कविता सीमित कविता बन कर रह गई है। वे कविता में अपने तक सीमित हो कर गए हैं। शायद उन की निगाह में दूसरे द्विज कवि हैं जब वे लिखते हैं—''सामाजिक सचाई से अपने सीधे संलग्न होने के आधार पर इधर की बहुत सारी कविता अपने अधिक

मानवीय और सामाजिक होने का रौब गालिब करती रही है। उस में अक्सर कवि अपने तथाकथित संघर्ष का महिमामण्डन करते हुए दूसरों पर फैसला देने की उत्सुकता दिखाता है और हमारे समय की दुर्व्यवस्था और अन्याय में खुद उस की जो हिस्सेदारी है उस की बहुत कम चीरफाड़ या पड़ताल करता रहा है।''[64] अन्य द्विज कवियों के लिए कवि की यह नसीहत बिलकुल सटीक और उचित है।

V

'हलफ' इस संकलन की एक बेहतरीन कविता है। कवि के पास बहुत कुछ है जिसे वह हलफ उठा कर कहना चाहता है। उसे हलफ उठाने से भय और आपत्ति नहीं है। उस की समस्या इस बात की है कि हलफ उठाते समय वह किस का विश्वास करे। कवि ने साफ लिखा है—"मेरी कोई अदालत नहीं/और दूसरों की अदालत पर भरोसा नहीं...।"[65] उस की इस कविता के कुछ ज्यादा अंश उद्धृत किए जा सकते हैं जो इस प्रकार हैः

"मुझे पता है कि हमारा समय ऐसा है कि
किसी को किसी जुर्म के लिए नहीं,
सिर्फ अपना सिर न झुकाने और ऊंचा रखने के लिए
सूली पर चढ़ाया जा सकता है।
कटघरे में खड़े किए जाने के लिए
न सबूत की जरूरत है, न जुर्म के इकबाल की
क्योंकि फैसला पहले से, बिना किसी जिरह के, लिखा जा चुका है।"[66]

कवि ने बिलकुल सही बात लिखी है, बस, इसमें एक संशोधन की जरूरत है। उन्होंने इस में जो लिखा है—'हमारा समय ऐसा है'—दलित के हिसाब से यह अर्द्धसत्य है। भारत के दलित के लिए यह समय आज का नहीं बल्कि सदा का ऐसा है। जब उस पर मनुस्मृति लागू की जाती है तो उस में अशोक वाजपेयी की यह कविता पूरी-पूरी चरितार्थ हो जाती है। ऊपर बताए हुए संशोधन के साथ यह कविता दलितों को ज्यादा अपनी लगेगी। कबीर की याद दिलाई जाए तो यहाँ 'भैंसे न्याय निबेरी'[67] की बात सामने आती है। फिर भी, कवि को एक सन्तोष है। सन्तोष इस बात का है कि 'मुजरिम तो मारा ही जाता है, देर-सबेर जज भी।'[68] ज्यादा तुलना की जरूरत नहीं है लेकिन चूंकि अशोक वाजपेयी का कबीर से गहरा सम्बन्ध है, इसलिए बताया जा सकता है कि कबीर ने ऐसे समय यह कहा हैः

"अवधू कुदरत की गति न्यारी।
रंक निमाज करै वह राजा, भूपति करै भिखारी।।"[69]

कवि ने यह बड़ी ईमानदारी की बात कही है कि 'कविता लगातार हलफ उठाना है।'[70] यह उस की मूल नैतिकता है जिस में उस का बचाव यह है कि यह अदालत

ऐसी है 'जो हर कहीं है/और दरअसल कहीं नहीं।'[71] यदि अदालत दूसरों की होती तो कवि को भय व्याप रहा था कि उस में 'दूसरों की कुछ भी जिम्मेदारी का जिक्र तक करने का'[72] उसे हक प्राप्त नहीं है। इसीलिए वह कविता की अदालत में खड़ा हो कर यह हलफ भर सका है कि उस ने 'एक देवता को लोगों को बरगलाते'[73] हुए देखा है। कवि जानता है कि धार्मिकों की अदालत में ऐसा कहने में उसे क्या सजा मिलेगी।

'मैं अपने गुनाह' इस संकलन की एक अन्य महत्वपूर्ण कविता है। बात मूलतः कन्फेशन की है। कविता की शुरूआत इन शब्दों से की गई है– ''मैं अपने गुनाह कुबूल तो कर लेता/और शुद्ध मन से माफी भी मांग लेता...।''[74] लेकिन प्रश्न यह है कि ये गुनाह धार्मिक तरह के हैं या लौकिक और कानूनी। यदि गुनाह धार्मिक तरह के हैं तो उन में प्रायश्चित की भावना साथ जुड़ी होती है। लेकिन द्विज संस्कृति में प्रायश्चित आपद्धर्म के लिए भी किए जाते हैं। वे प्रायश्चित नहीं होते बल्कि रणनीति और कूटनीति के हिस्से होते हैं। ऐसी स्थिति में आपद्धर्म आपद्धर्म न हो कर छल बन जाता है। लेकिन अशोक वाजपेयी की कविता में ऐसा कोई धार्मिक छल नहीं छिपा है। उनकी समस्या दूसरी तरह की है। वे खुद उस देवता को चुनौती दे रहे हैं जिस के सामने गुनाह कबूल किए जाया करते हैं। वे देवता के विरोध में लिखते हैं–''पुण्यों के हिसाब रखने वाले देवता अब नहीं रहे/ और पापों का बहीखाता लिए गलीकूचे में पुरोहित डंके की चोट घूम रहे हैं।''[75] आरोप केवल एक देवता तक सीमित नहीं है बल्कि चपेट में सारे देवता हैं –''अगर पतित न होते लगभग सभी देवता/अगर पवित्रता दमकती बिना कलुष आभा के,/अगर कविता में विश्वासघात असम्भव होता/तो मैं मांग लेता माफी/ भले कोई माफ करे या न करे।''[76] तो, बुराई में लोगों के पाँव इतने गहरे धंसे हैं कि कविता तक में विश्वासघात सम्भव है। जिस व्यक्ति ने अपना सर्वस्व कविता के समक्ष सौंप रखा हो उस के लिए यह जानकारी कितनी कष्टदायक रही होगी कि कविता में भी विश्वासघात होता है। कवि पेशे से प्रशासक रहे हैं, उन का प्रशासक मन जानता है कि प्रशासन में विश्वासघात होते हैं लेकिन कवियों के बीच जा कर उसे जो पता चलता है वह उसके प्रशासनिक जीवन से भिन्न कहाँ है? इस दृष्टि से कवि की यह एक महत्वपूर्ण गवाही है कि कविता में विश्वासघात होता है।

कवि की समस्या सच्ची है। उसका लिखना है–''मुझे अपने हारने का कोई दुख न होता/अगर मैं उनको दिग्विजय की पताकाएँ फहराते/जुलूस में जाते न देखता/जिन्हें मैंने कितनी बार/चोरी-छिपे लूटमार करते/बिना कुछ किए सिर्फ हड़पते देखा था।''[77] कवि को कुछ और भी पता है। कहा जा सकता है कि कवि को बहुत कुछ पता है। उसने लिखा है–''मुझे पता है कि/जिन्हें कालकोठरी में सड़ रहा होना चाहिए/वे सिंहासन पर लकदक बैठे हैं।''[78]

यह फिर एक सच्ची गवाही है कि कवि का वातावरण कैसा है। कवि ने अपने चारों ओर के भ्रष्ट वातावरण को जाना, इस के लिए उस की प्रशंसा की जानी चाहिए,

लेकिन इस से बढ़कर भारत के दलित की जानकारी में यह बात भी है कि लोगों ने लूटमार और हड़पने के लिए देववाणी में धर्मशास्त्र तक लिख रहे हैं। कवि ने लिखा है—"मैं जानता हूं कि सिर्फ मेरे लिए ही नहीं/सब के लिए यह कलियुग है।"[79] लेकिन दलित इस बात को दूसरी तरह से कहता है। उसने काल को सतयुग, त्रेता, द्वापर और कलियुग के चार भागों में नहीं बांटा बल्कि उस के लिए समय के बंटवारे के चारों हिन्दू युग घोर कलिकाल के हैं। जब त्रेता में शम्बूक का वध किया गया हो और जब द्वापर में एकलव्य का अंगूठा काटा गया हो तो दलित के लिए उन युगों में सत्य का एक भी चरण बाकी नहीं रह गया था। खुद सतुयग में सत्यवादी हरिश्चन्द्र की कहानी देखी जा सकती है। हिन्दू मन को शिकायत इस बात की नहीं है कि राजा हरिश्चन्द्र बर्बाद हो गए थे, ऐसे तो हजार राजा बर्बाद हो जाते हैं, बल्कि आक्रोश इस बात का है कि स्थिति इतनी बदतर हुई कि हरिश्चन्द्र ने कालिया भंगी के 'भरा नीच घर पानी।'

यह अशोक वाजपेयी की कविता नहीं है बल्कि उन की द्विज संस्कृति की कविता है जिसे उन्होंने प्रतिनिधित्व दिया है—"अपनी जिन्दगी सुधारने का अब समय नहीं है/और दूसरों को सुधारने में दिलचस्पी नहीं है/और न उस के लिए कोई हुनर या धीरज बाकी है।"[80] यह एक व्यक्ति का नहीं बल्कि उनकी पूरी संस्कृति की घोर गैर-जिम्मेदारी है। इस का कारण वही है जो कवि ने इस कविता में शुरू में ही लिखा था—"लेकिन मैं जानता हूँ कि आखिरकार/न कोई भूलता है/न माफ करता है/न जानवर, न देवता/न दोस्त, न दुश्मन।"[81] इस का मतलब यह है कि यह परम्परा बुराई से टकराने की नहीं है। विदेशी संस्कृतियों में इस से भिन्न हुआ है। वहाँ यूनान में सुकरात अपने समकालीन राजा से टकराए हैं। उन्होंने भुलाने के लिए नहीं, याद दिलाने के लिए संघर्ष किया था। ईसा ने राज्य के सामने माफ होना नहीं चाहा बल्कि अपने हाथों, पाँवों और छाती में कीलें ठुकवाई थीं। गैलीलियो की कोई कहानी न बनती यदि वे वैज्ञानिक सत्य की अपनी खोज को दबा कर रह जाते।

कहना चाहिए कि कवि ने इस कविता में अपनी बातें निष्कपट हो कर रखी हैं। यह उन की मूल नैतिकता और सीधे स्वभाव की बात है। कवि को जो सांस्कृतिक वातावरण मिला है वह उसी में जी-मर रहा है। उसने अपनी तरफ से बुराइयों में कोई बढ़ोतरी नहीं की। लेकिन विश्लेषण से पता यह चलता है कि उस ने संस्कृति को क्रान्तिकारी नेतृत्व नहीं दिया बल्कि उस का एक प्रतिनिधित्व किया है। वह खुश नहीं है लेकिन वह युद्ध की शुरूआत भी नहीं कर रहा है। उस के सामने युद्ध के खिंचे हुए पाले साफ भी नहीं हैं। संस्कृति से विद्रोह में वह उदार बन कर इतना ही कर सका है कि मछुआरा बन कर अपने सपने में 'ब्राह्मण और अछूत को'[82] एक साथ दावत का न्यौता दे दे। लेकिन संस्कृति के प्रतिनिधित्व के नाते वह केवल इतनी हामी भर सका है—"अपना दर्द दूसरों को बताया नहीं तो/दूसरों के दर्द से बहुत द्रवित भी हो पाया?"[83]

इस संकलन में 'मैं अपने गुनाह' के क्रम में इसी ऊंचाई की संस्कृति से जुड़ी हुई

दूसरी कविता 'उन्हीं में से एक' है। एक बहुत अच्छी व्यंजनात्मक अभिव्यक्ति है कि 'मैं उन्हीं में से एक था।'[84] नसैनी भी एक थी लेकिन कवि को आश्चर्य है कि जबकि दूसरे लोग उस नसैनी से ऊपर चढ़ते हैं, वह न जाने क्यों 'उस से नीचे तलघर में उतर गया'[85] है। उस के 'पास एक दर्दमन्द दिल, एक चौकन्ना दिमाग/और एक भरी-पूरी लगती जिन्दगी थीः/अपने स्वाभाविक आलस्य के बावजूद कुछ कर गुजरने की आकांक्षा थी–/ ....लेकिन पता नहीं कब और कैसे....एक अन्धी गली में फंस गया।'[86] वह जानता है –''मैं एक उदास आदमी था/और यह भी ठीक है कि मुझे अपने पर भरोसा कम था।/लेकिन जितने, बिना अपने को गिराए या बेचे, समझौते हो सकते थे/उन्हें करने में मैंने चूक नहीं की.... ।''[87]

इस कविता में अस्तित्ववाद की भाषा से परे की बात सामने आती है। कवि ने कई कविताओं में अस्तित्ववाद की शब्दावली का प्रयोग किया है लेकिन यहाँ वह इसे संयोग या भाग्य कह कर टालने को तैयार नहीं है। संयोग और भाग्य से हट कर वह अपनी खोज करता गया है जिस में वह पाता है–''और अपने गरेबान में झाँकने पर मुझे/कुछ चालाकी और कभी-कभार का घमण्ड तो नजर आता है/नीचता नहीं।''[88] तो, दूसरों की तरह नसैनी से ऊपर चढ़ने में कमी यह रह गई कि उसने अपने को गिराया या बेचा नहीं और न ही कोई नीचता की। शायद इस से बड़ा व्यंग्य और क्या हो सकता है? यह उन का महाकवि होने की ओर हुआ जाता कदम है।

इसी क्रम में कवि की अगली कविता 'उतना अच्छा आदमी नहीं' है। इस के शुरू के शब्द हैं–''मैं उतना अच्छा आदमी नहीं निकला/जितनी कि मुझे उम्मीद थी कि मैं हो पाऊंगा।''[89] सब कुछ के बाद खुद को सन्तोष भी है–''लेकिन जाहिर है मैंने उतनी कोशिश नहीं की/जितनी कि जरूरी होती है।''[90] कवि ने भारत के तथाकथित कथनी और करनी के अन्तर को अपनी तरह से पाटना चाहा है। वह कथनी को करनी में और करनी को कथनी में रख कर देखना चाहता था। यह कवि का अपने माध्यम से पूरी सांस्कृतिक परम्परा पर कटाक्ष है जब वह लिखता है–''मैंने जीवन और कविता को भी उलझा-सा दिया/ जीवन की सचाइयों और सपनों को कविता में ले गया/आश्वस्त हुआ/कि जो शब्द में है वह बचा रहेगा भले जीवन में नहीं। गलती शायद यह हुई कि जो कविता में हुआ उसे जीवन में भी हुआ मान कर सन्तोष करता रहा।''[91]

VI

जो आलोचक साहित्यकार इस गलतफहमी में रहते हैं कि कवि-प्रशासक की दुनिया भिन्न होती है उन्हें अशोक वाजपेयी की यह कविता पढ़ कर अपनी भूल सुधार लेनी चाहिए :

> ''उधेड़ कर सिलवाने थे अपने लिए
> ढेर सारे पुराने कपड़ों से कुछ नए लगते बड़े कपड़े,
> फिर बीमे की किस्त भरनी थी,
> बाजार में तंगजेब बिना लालच के घूमना था,
> इतवार की छुट्टी निठल्ली बितानी थी,
> कतार में खड़ा होना था..... ।''[92]

'उस पार' नाम से यह कविता 1987 में लिखी गई थी। उस समय अशोक वाजपेयी 22 वर्ष के भारतीय प्रशासनिक सेवा के वरिष्ठ अधिकारी थे। तुलना करके जाना जा सकता है कि यूनिवर्सिटियों के कई प्रोफेसर अपनी ऐसी दिनचर्या की अनिवार्यता में ठोकर मार देंगे। लेकिन इस कवि की कामना है—''मुझे ऐश्वर्य नहीं शब्द चाहिए।''[93] तभी तो सन् 1996 में 31 वर्ष के वरिष्ठतम प्रशासक होने के बाद भी अपनी 'फटी हुई कॉलर को रफू करवा लेते हैं।'[94]

एक प्रशासक के नाते कवि को समाज में व्याप्त भ्रष्टाचार का खूब पता है। कहना चाहिए कि उसे इस मामले में दूसरों से ज्यादा पता है। जो लोग प्रशासकों को कविता लिखने की क्षमता के व्यक्ति नहीं मानते, इस कवि-प्रशासक को उन लोगों के बारे में भी पता है। इस कवि का कहना है कि अगर बच सका तो वही थोड़ा-सा आदमी बचेगा जो,

> ''अपने बच्चे के नम्बर बढ़वाने नही जाता मास्टर के घर
>
> ....
>
> ''जो अपनी बेटी के अच्छे फ्राक के लिए
> दूसरे बच्चों को थिगड़े पहनने पर मजबूर नहीं करता—
>
> ....
>
> ''जो दूध में पानी मिलाने से हिचकता है,
> ''जो अपने घर को चीजों का गोदाम बनने से बचाता है।''[95]

प्रकारान्तर से इस कविता में मेरिट के सिद्धान्त की भी कलई खोल दी गई है।

लोगों द्वारा आज दलितों और पिछड़ों के लिए राजकीय सेवाओं में आरक्षण की व्यवस्था को मेरिट के खिलाफ बता कर उस का विरोध किया जाता है। लेकिन यहाँ कवि ने चुपचाप मेरिट की धज्जियां उड़ा दी हैं कि लोग अपने बच्चे के नम्बर बढ़वाने के लिए मास्टर के घर जाते हैं। यदि आज की कविता में इस कवि की यही एक पंक्ति सुरक्षित रह जाए तो इस से आरक्षण के विरोध में समाज में व्याप्त क्षोभ और वैमनस्य तार-तार हो जाएगा। सच तो यह है कि पिछले तीन हजार साल के दलित-विरोधी इतिहास की पोल खोलने के लिए अशोक वाजपेयी की कविता की यह एक पंक्ति पर्याप्त है।

जाने हिन्दी के विद्वान इस कवि से क्यों खार खाए बैठे हैं? शायद इन की गलती यह मानी गई है कि ये भारत के सर्वोच्च प्रशासकों में से क्यों रहे हैं। लेकिन ऐसा आरोप लगाने वाले लोग कवि की इन पंक्तियों पर तो ध्यान दें:

> "मुझे अपने बच्चों की पढ़ाई का ज्यादा नहीं पर इतना अता-पता तो रहा
> कि वे किस दर्जे में हैं।
> मैंने बहुत सलाह उन्हें नहीं दी और नसीहत या उपदेश भी नहीं
> पर उन्हें साफ-सफाई से जीवन बसर करना,
> सिर न झुकाना, अहसान न लेना, भरसक मददगार होना
> और अपने पद का नाजायज फायदा न उठाना वगैरह तो आ ही गया।
> उन की मुश्किलें हैं, जैसी कि मेरी ही कौन सी कम हैं,
> पर एक अच्छा पिता उन्हें अवसर का लाभ उठाने,
> आज की दुनिया में काम निकालने की कुछ हिकमतें बता सकता था
> जो मैंने नहीं किया है क्योंकि
> छप्पन बरस की उम्र हो जाने के बाद भी मुझे पता नहीं है कि
> हमारे समय में जिन्दगी जी कैसे जाती है,
> कि कैसे इन्तजाम किया जाता है छत-छप्पर, जगह और राहत का।
> अगर वे सफल नहीं होते तो इस का कुछ जिम्मा मेरा जरूर होगा
> हालांकि वे मुझ पर ही निर्भर नहीं हैं।
> जिन्दगी उन के साथ क्या करेगी इस बारे में मैं अटकलें नहीं लगाता।
> पर अगर मैं अच्छा होता तो उन्हें इतना अबोध न छोड़ता जितना मैंने
> शायद उन्हें इस
> खूंखार वक्त में छोड़ दिया है हालांकि वे मेरी प्यारी सन्तान हैं।
> मैं अच्छा पिता नहीं बना तो अच्छा आदमी बन पाने का सवाल ही नहीं
> उठता।"[96]

यह छोटी बात नहीं है जो कवि ने अपनी कविता 'रुक तो जाता' में लिखी है– "....बेशर्मी से बने रहना/लगता है कि अब हरेक की नियति है।"[97] आदमी में ऐसा

कुछ छोड़ा नहीं गया है कि वह शान से जी सके। व्यक्ति की गरिमा पूरी तरह भंग है। चारों ओर बलात्कार और जारकर्म का बोलबाला है। सब कुछ तांत्रिक बन गया है। महामुद्राओं की पूजा हो रही है। हर दिन अश्वघोषी वज्रयानियों की वज्रसूचियाँ और सिद्धों के पंच मकार अपनी चरम सीमा पर चढ़े रहते हैं। यही इस संस्कृति की जीवन शैली है। इस में चरित्रवान लोगों का दम घुटता है। लेकिन कोई इस के कारण और परिणाम पर नहीं जाता। यह कवि भी समस्या भर बता कर रह गया है। परिणाम यह निकलता है कि राष्ट्र कमजोर हो जाता है। ऐसे घृणित वातावरण में कोई स्वतन्त्रता के दमखम का आदमी नहीं रह जाता। तब वह गुलाम हो जाता है—या तो विदेशियों का, नहीं तो, तब तक अपनी पाशविक प्रवृत्तियों का। यह सच्चाई इस संस्कृति को हर बार ले डूबती है। जब आज के कवि को भी इतना लिखना पड़ गया—फिर इस संस्कृति में बचा क्या है? कहने का मतलब यह है कि मनुष्य की मूल नैतिकता खत्म है और निर्लज्जता का प्रदर्शन हो रहा है। कोई उसे रोकने वाला नहीं है।

अशोक वाजपेयी ने अपनी कविताओं में सच बोलने का साहस किया है। सच बोलना अच्छी बात है, लेकिन इनकी विशेषता यह है कि इन्होंने उस संस्कृति के बीच खड़े हो कर सच बोलने का प्रयत्न किया है जिस संस्कृति में सच बोलने की परम्परा नहीं है। ऐसे में उन्हें सच बोलने की कुछ न कुछ सजा तो मिलनी थी। उन्हें सजा यह मिली है कि उन के काव्य का कहीं जिक्र नहीं किया जाएगा। यह रणनीति का उपेक्षा वाला हथियार है कि उन की काव्य कृतियों को आलोच्य नहीं समझा जाएगा। यह कम सजा नहीं है। उन्हें इस से ज्यादा सजा भी मिल सकती थी लेकिन ऐसा काम खुद अशोक वाजपेयी ने नहीं किया कि उन्हें इस से ज्यादा सजा मिले। वे इतनी ही सजा के पात्र हैं। उन्होंने समाज में कोई उठा-पटक नहीं की है। वे उदारवाद और व्यक्तिवाद के बीच में एक मनुष्य बन कर रह गए हैं। फिर पुरखों से ले कर पोते तक की श्रृंखला में उन के पैर अपने पाले में जमे हुए ही हैं। यह संस्कृति इतनी इजाजत हर किसी उदारवादी को देती है कि जंजीर से बंधा रह कर कुत्ता कितना भी भौंके। डर इस बात का है कि कोई डा. अम्बेडकर की कल्पना वाला वाल्टेयर का शेर बन कर उलटा वार न कर दे। बाकी सब डा. सुधीश पचौरी की सही भाषा में विरेचन है। उन्हीं की भाषा का प्रयोग किया जाए तो, और तो और, इस संस्कृति ने कबीर तक को विरेचन बना लिया था। क्रान्ति का कितना दुरुपयोग हुआ है—कहाँ कबीर और कहाँ रामानन्द, कहाँ आजीवक और कहाँ वैष्णव!

VII

कवि ने अपनी कविता 'उम्मीद चुनती है 'शायद' ' में अस्तित्ववादी भाषा का प्रयोग किया है। जब 'दरवाजे पर दस्तक देगा वर्दीधारी/ किसी न किए गए जुर्म के लिए लेने तलाशी'[98] तो उम्मीद और शायद के भाव सामने आने लगते हैं। फूलों से दबे देवता संदिग्ध हो जाते हैं और आरती और कीर्तन कान फोड़ने लगते हैं। घी-तेल की गन्ध चीकट में बदल जाती है और मन्त्र भुला दिए जाते हैं। तब नैवेद्य अधपके रह जाते हैं तथा भक्ति चिपचिपी हो जाती है। सारी धार्मिक पवित्रता नियति और दुर्घटना में तितर-बितर हो कर बिखरने लगती है। शव-संस्कार में चिता पर एक अनजली अस्थि रह जाती है जिसे नदी में सिराया नहीं जा सका है। इस कविता में पूरी संस्कृति बोल जाती है। कविता 'आखिरी शाम की प्रार्थनाएँ' में भी अस्तित्ववादी शब्दावली का प्रयोग मिलता है। जाने की तैयारी हो रही है तो दुःख और विफलता को यथास्थान रखने की तमन्ना शेष बचती है। जो सामान ले कर चलना है, उस पोटली में 'थोड़ा सा एकान्त, कुछ भय/भविष्य के लिए कुछ उम्मीद/और अपनी अलग निराशा'[99] है। यहाँ गालिब के शब्दों की याद आती है—'बाद मरने के मेरे घर से ये सामां निकला।' गालिब इसलिए याद आ जाते हैं क्योंकि कबीर के बाद गालिब ही इस कवि पर अपना गहरा असर छोड़ पाए हैं।

यहाँ अस्तित्ववाद की बात यूँ ही नहीं कही जा रही है बल्कि कवि के पास दर्शन और विचार के स्तर पर अस्त्तिववाद की पूरी शब्दावली है। उन्हें अस्तित्ववादी न भी कहा जाए लेकिन यह बात तय है कि उन्हें यूरोप के बीसवीं सदी के अस्तित्ववाद की पूरी जानकारी है। यह बात उन के इस कथन से साबित होती है—"कविता सच या किसी महान अनुभव की तलाश है या नहीं, मैं नहीं जानता। पर इतना तय है कि कवि कविता के माध्यम से भाषा के संयोजन से अपनी जगह की तलाश करता है। उसे अस्तित्व, मानवीय स्थिति, नियति, उपस्थिति और अनुपस्थिति, नश्वरता के प्रश्नों से उलझाती है। इस उलझाव के बिना कोई सार्थक तलाश मुमकिन नहीं। जो कविता इन प्रश्नों से अपने को अलग रखती है उसे अपनी जगह न समझ में आ सकती है, न ही अन्ततः मिल सकती है।"[100] फिर भी उन्हें अस्तित्ववादी इसलिए नहीं कहा जाना चाहिए क्योंकि वे अपनी द्विज संस्कृति से गहरे जुड़े हुए हैं। एक उन्हें क्या, द्विजों में किसी भी कवि को अस्तित्ववादी, मानववादी या रैडिकलिस्ट नहीं कहा जा सकता। ये पश्चिम से

आए हुए शब्द हैं और द्विज चिन्तक इन का यादृच्छिक प्रयोग करते हैं मानो इन शब्दों के कोई खास मायने न हों। ज्यादातर द्विज चिन्तक इन बड़े शब्दों को अर्थहीन करते हैं। शुक्र है, अशोक वाजपेयी ने इन शब्दों को इतना अर्थहीन नहीं किया है जितना अन्य द्विज लेखक धड़ल्ले से करते हैं। कारण यह है कि अशोक वाजपेयी अपनी कविताओं और अपने चिन्तन में ईमानदार और नैतिक हो कर चले हैं।

कवि ने ईश्वर को अपनी कविताओं में कोई बड़ा और सम्मानजनक स्थान नहीं दिया है। उन के लिए ईश्वर ऐसी ही चीज बन कर सामने आता है जैसी जयपुर के चिड़िया घर में राधा नाम की चिम्पैन्जी के हाथ में किसी का छीना हुआ रुमाल या गेंद होती है– कभी लकोले और कभी बाहर सरका दे। उन के लिए ईश्वर इसी खेल के मतलब की चीज है। वे लिखते हैं–''ईश्वर एक काव्याभिप्राय के रूप में मुझे पहले भी आकर्षित करता रहा था। उस से एक तरह का झगड़ा भी पहले की कविता में जब-जब चलता रहता था। कुछ कविताओं में वह प्रेम या परिवार में 'इण्ट्रूजन' की तरह चित्रित था।''[101] यहाँ पूर्ण विश्वास के साथ कहा जा सकता है कि कवि का यह 'ईश्वर' धार्मिक तरह का ईश्वर नहीं है। उन के पास धर्मग्रन्थों और पोथियों में कैद किया गया ईश्वर नहीं है। एक जगह वे दिन-दहाड़े दुस्स्वप्न में ईश्वर को देखते हैं तो उसी कविता में मात्र हर चीज की अनुपस्थिति को पथहारे कवि बन कर 'हे ईश्वर'[102] कह कर चीखना चाहते हैं। एक अन्य स्थल पर वे भगवान को 'कागजी भगवान'[103] के रूप में जानते हैं तो दूसरे स्थल पर अपनी माँ के भगवान को आले में लटका कर व्यंग्य करते हैं–एक आले में लटके हैं तुम्हारे भगवान/और सामने रामचरितमानस की पुरानी पड़ती प्रति–अर्थात तुम्हारे बाद अब उसे पढ़ने वाला घर में कोई नहीं है, तुम्हारा बेटा मैं भी नहीं।

जीवन में कवि को जो बात अच्छी लगी है वह अध्यात्म की है। उसे उसी की जरूरत और तलाश है। उस में पवित्रता भी जुड़ी हुई है। लेकिन वह ईश्वरहीन अध्यात्म और देवताहीन पावनता है। कवि ने लिखा है–''मुझे आस्था का वरदान नहीं मिला। मैंने जब-तब पावनता की तलाश की है और ईश्वरहीन अध्यात्म को अपनी दृष्टि के एक उद्गम के रूप में लोकेट करने का यत्न किया है। लेकिन मुझे सब से अधिक आकर्षित किया है पूर्वजता के तथ्य ने और उन के माध्यम से होने वाली निरन्तरता ने। देवताओं की दुनिया गंवा देने के बाद मुझे लगा कि पूर्वज उन के स्थानापन्न हो सकते हैं। कौन जाने पूर्वज ही धीरे-धीरे देवता बन जाते हैं : इतिहास बढ़कर कभी पुराण हो जाता है। पूर्वजों की उपस्थिति के अहसास के साथ ही वर्तमान और अतीत की अटूटता का बोध भी हुआः 'हम अपने पूर्वजों की अस्थियों में रहते हैं...।''[104]

इस कवि की सारी समस्याएँ एक दार्शनिक की हैं। वह हर चीज को अपनी तरह से समझना चाहता है। काल के बारे में सभी चिन्तक सोचते हैं लेकिन इस कवि की विशेषता यह है कि इसे 'नापने-जोखने के बावजूद समय का ठीक पता नहीं चलता।'[105]

लगता है, समय को नापने के उपलब्ध सारे पैमाने छोटे पड़ गए हैं। समय की शुरूआत का पता नहीं और उस की अन्तहीनता जारी है। बस, पता जो चल रहा है, महसूस जो हो रहा है, कवि के शब्दों को उद्धृत किया जाए तो 'समय हमें हमरंग हो कर कुतर रहा है।'[106] ऐसे समय उसे कैसे पहचाना जाए? उसे बुरा या दुश्मन कैसे कहा जाए? वह हमरंग हो कर हमें कुतर रहा है। हम खुद अपने आप को नष्ट कर रहे हैं। हम खुद अपनी बनाई हुई दुनिया को नष्ट कर रहे हैं। तरीका वही है जो कवि ने बताया है—''और भूल-याद कर ही हम उसे/नष्ट करते हैं/अपने ही सामने।''[107]

कवि क्षणभंगुरता से नहीं डरा है। वह आराम से उस तथाकथिता के सफेद होते बालों को निहार लेता है। बजाय इस के लिए पुराने भारतीयों की तरह रोने-धोने के उलटे वह इसे 'आयु का आश्चर्य'[108] कह उठता है—''आयु छुएगी/उस के चेहरे को/ और चुपके से उस के लम्बे बालों में से/एक को सफेद कर जाएगी....।''[109] एक बालों की बात नहीं बल्कि समय का शरीर के हर अंग पर असर पड़ेगा और कवि उस के लिए तैयार है। शोक मनाने के बजाय वह उसे रहस्य कहने लगता है—अदभुत है भगवन, आश्चर्य है! कवि ने लिखा है—''थोड़ा और कत्थई कर जाएगी/ उस के कुचाग्रों को,/ उस के नितम्बों के वृत्तों को / थोड़ा-सा वक्र / उस के रहस्य को / थोड़ा और गहरा।''[110] यह बहुत अच्छी बात है कि कवि अपनी उम्र के साथ चला है। वह रीति काल के उस केशव दास की तरह बिगड़ा हुआ बूढ़ा ब्राह्मण नहीं है जो पोतियों की उम्र की बच्चियों को देख कर साँस भर कर मन ही मन मलाल करता है—''चन्द्र बदन मृग लोचनी बाबा कहि-कहि जाय।''

क्षणभंगुरता के साथ अगली बहुचर्चित चीज नश्वरता की जुड़ी हुई है। ज्यादातर पुराने भारतीय दार्शनिक कतार बांध कर रोने बैठ गए हैं कि उन का जीवन नश्वर क्यों है। समाधान में या तो वे आत्मा की अजरता और अमरता के ख्याली पुलाव पकाने लगते हैं या फिर निष्क्रिय दुखवाद में पड़े-पड़े कराहते रहते हैं। दोनों ही तरीकों में जगत का सच उन के हाथ नहीं आया। लेकिन शायद महान आजीवक कबीर के प्रभाव के कारण इस कवि के सारे पारलौकिक अन्धविश्वास और व्यक्तिगत जीवन के तमाम आत्यन्तिक दुख मिट गए हैं जब वे नश्वरता की खोज के खिलाफ लिखते हैं—''मुझे अब संसार की अनश्वरता के किसी आश्वासन की तलाश नहीं रही—मेरे लिए कविता का अनन्त बहुत है।''[111]

इस कवि के पास जो दुःख है वह लौकिक प्रकृति का है। वहाँ वह हताश है क्योंकि दुःखों का उस के पास कोई उपाय नहीं है। उपाय इसलिए नहीं है क्योंकि वह अपनी द्विज-संस्कृति में टंग कर रह गया है। फिर भी उस में लौकिक दुःखों के खिलाफ विद्रोह का बीज मौजूद है, यह दूसरी बात है कि एक सच कहने के सिवाय वह उस मामले में कुछ भी आगे बढ़कर नहीं कर सका है। शायद इस के लिए वह किसी भावी कवि पर भरोसा कर गया है। जहाँ तक हारे को हरिनाम वाले वैराग्य और संन्यास का

सम्बन्ध है तो उस ओर कवि लखाता तक नहीं है। इस के उलटे, इस कवि ने उस की खिल्ली उड़ाई है जो 'चूहादौड़ में शामिल हो कर हार जाने पर पैदा होने वाले वैराग्य का सच'[112] होता है। वे ऐसे किसी अध्यात्म में विश्वास नहीं रखते जो जीवन की अदम्यता से न उपजता हो। पलायन से उन का रिश्ता नहीं है। वे वैरागी या वैष्णवों में से कुछ नहीं हैं। वे अपने पोते की दूसरी वर्षगांठ पर प्रार्थना में लिखते हैंः

> ''मैं तुम्हारे लिए अभय की नहीं अदम्य की कामना करता हूँ,
> मैं नहीं चाहता कि तुम्हें कुछ उपहार या वरदान की तरह मिले।''[113]

यह एक बड़ी भावना है। किसी दिन इसी भावना से भारत की द्विज-संस्कृति का निस्तार होगा और वह मनु की घृणा तथा कौटिल्य के छल-कपट छोड़ कर प्रेम और बलिदान के रास्ते पर आरूढ़ होगी। चाहे देर एक हजार साल की और हो जाए लेकिन राष्ट्ररक्षा का रास्ता इसी ओर से जाता है। घृणा और छल-कपट से देख लिया कि देश हजारों साल से गुलाम रहता आया है। देश को पुनः गुलामी में में नहीं झोंकना है तो घृणा, छल-कपट और ब्राह्म-विवाह को त्याग कर द्विज को अपने मुँह को बिलकुल दूसरी ओर करना है।

VIII

इस कवि के मुख्य रूप से तीन विषय रहे हैं। मदद यह मिलती है कि अपने बारे में खुद उसने अपना विश्लेषण सामने रखा है—"मेरे लिए प्रेम या रति, मृत्यु या समयातीत किसी तथाकथित सामाजिक सचाई से कम सचाई कभी नहीं रहे हैं।"[114] बताए गए इस क्रम में वरीयता अपना मुंह दिखाती है। सबसे पहले 'प्रेम या रति', दूसरे क्रम में 'मृत्यु या समयातीत' और तीसरे क्रम में 'तथाकथित सामाजिक सचाई' आती है। सामाजिक सच्चाई 'तथाकथित' इसलिए हो गई है कि वर्ण-व्यवस्था में सब से ऊंचा स्थान घोषित करके ब्राह्मण घर में जन्मे, एक अशोक वाजपेयी की क्या, यह किसी भी ब्राह्मण की समस्या नहीं है। आखिर एक ब्राह्मण वर्ण का व्यक्ति चातुर्वर्ण्य की सामाजिकता में जो उसे मिली हुई है, उस से बड़ी और किस सामाजिक ऊँचाई की कामना करेगा और लड़ेगा? इसलिए कवि ने इसे 'तथाकथित सामाजिक सचाई' कह कर एक सही पद का प्रयोग किया है। लेकिन यहाँ कवि इजाजत देंगे कि दलित के लिए 'सामाजिक सचाई' से पहले लगा विशेषण 'तथाकथित' हटा लिया जाएगा। कवि के इस कथन में अगला महत्वपूर्ण पद 'प्रेम या रति' का है। इस पद पर इस समीक्षा-लेख में पहले कहा जा चुका है। आगे भी जहाँ अवसर मिलेगा यही कहा जाएगा कि कवि के लिए 'प्रेम या रति' में रति ही प्रमुख है। इस में आलोचना करने की आवश्यकता नहीं है कि यह कवि प्रेम नहीं कर सका। इस कवि को सम्मिलित करते हुए यहाँ लम्बी बात कही जा रही है कि ब्राह्म-विवाह की मजबूरी में कोई भी द्विज व्यक्ति प्रेम नहीं कर सकता। इस संस्कृति में केवल रति की अनुमति है, प्रेम की नहीं। यहाँ कवि के मास्टर कबीर की याद दिलाई जा सकती है कि 'प्रेम न बाड़ी ऊपजै प्रेम न हाट बिकाय।' इस के लिए द्विजों को अपने ब्राह्म-विवाह में परिवर्तन करके उसे ठीक करना पड़ेगा जो कभी सम्भव नहीं है।

इस छोटे उद्धरण में तीसरा प्रमुख पद 'मृत्यु या समयातीत' का है। बिलकुल माना जा सकता है कि यह कवि का बहुत प्रिय विषय है। यदि कवि को इस बात की शिकायत है कि उस की मृत्यु-सम्बन्धी कविताओं पर ध्यान नहीं दिया गया है तो यह उनकी एक वाजिब शिकायत है। अपने मृत्यु-सम्बन्धी विचारों के बारे में कवि ने सही लिखा है—"मुझे अक्सर प्रेम का, बहुत हुआ तो 'देह और गेह' का, कवि कह कर डिसमिस कर दिया जाता है। इस बात का पूरी तरह से नोटिस ही नहीं लिया गया है कि मैंने मृत्यु और अनुपस्थिति पर, लोप और अवसान पर, प्रेम से कहीं अधिक कविताएँ

लिखी हैं। मेरा कोई दावा तो नहीं है पर अब चार दशकों से अधिक की सृजन-सक्रियता के बाद इस ठोस तथ्य की (ओर) ध्यान दिलाना जरूरी है कि शायद इस दौरान बल्कि शायद हिन्दी में इस पूरी शताब्दी में इस थीम पर सब से अधिक कविताएँ मैंने ही लिखी हैं। वे कैसी हैं और उनका समय (में) क्या हश्र होगा, यह और बात है। उन में से कई निराश और अंधेरी कविताएँ भी हैं लेकिन मैं यह उम्मीद करता हूँ कि ध्यान से पढ़ने पर कोई भी देख सकता है कि कुल मिला कर वे दरअसल जीवन से आसक्ति की, अदम्य जिजीविषा की रचनाएँ हैं।''[115]

यहाँ कवि ने लिखा है कि शायद हिन्दी में इस पूरी शताब्दी में इस थीम पर सब से अधिक कविताएँ उसने ही लिखी हैं लेकिन उन के इस 'शायद' को निश्चयात्मक सबूत में बदल कर उस से भी ज्यादा सही बात कही जा सकती है कि आज तक किसी भी द्विज चिन्तक ने मृत्यु के बारे में इतनी विविधता से नहीं सोचा है जितनी विविधता से इस कवि ने सोचा है। सही बात है, पुनर्जन्म में विश्वास करने वाली संस्कृति का कवि मृत्यु के बारे में एक लख चौरासी योनियों के भय और उस से मोक्ष-प्राप्ति की कल्पना के सिवा दूसरी बात सोच भी क्या सकता है? लेकिन इस कवि ने द्विज संस्कृति में पहली बार मृत्यु को लख चौरासी योनियों के भय और मोक्ष प्राप्ति के संदर्भ के बिना सोच कर दिखाया है। यह कवि का अपनी संस्कृति के खोल से बाहर निकलने का साहस है। कहा जाना चाहिए कि वैचारिक स्तर पर यह पहली बार घटित हुआ है।

शुरू में कवि पुनर्जन्म में नहीं लेकिन पुनर्जन्म की शब्दावली की रौ में बह रहा था। एक गलत भाषाई वातावरण में उसे भी सब की तरह अपनी वापसी की लगी हुई थी। लेकिन इतना उसे तब भी शक था कि उस वापसी की पहचान नहीं हो पाएगी। उसने अपनी 'वापसी' शीर्षक की कविता में लिखा है :

''जब हम वापस आएंगे
तो पहचाने न जाएंगे–

....
हम रूप बदल कर आएंगे
तुम बिना रूप बदले भी
बदल जाओगे–

....
हमारी पहचान हमेशा के लिए गड्डमड्ड कर जाएगा
वह अन्त
जिस के बाद हम वापस आएंगे
और पहचाने न जाएंगे।''[116]

इस के बाद उस ने वापसी की रट लगानी छोड़ी और मृत्यु के अनन्तर ही कुछ बच रहने की आशा का अलख जगाने की कोशिश की। वह सोच रहा था कि वापस आना तो नहीं

हो सकेगा लेकिन मृत्यु में ही कुछ बचा रहेगा। इसी बचे रहने की मनौती करते हुए उसने लिखा था—''मृत्यु अन्त है पर उस के बाद भी जीवन है। सब कुछ समाप्त नहीं होता—कुछ तो बच ही जाता है। जीने की परम्परा इसी कुछ बचे हुए की ही तो परम्परा है।''[117]

असल में यह जीवन का मृत्यु से टकराना था। इस में कवि के विचार विकसित होते गए हैं। वापसी और कुछ बचे रहने की जिज्ञासा शान्त होने के बाद कवि जिजीविषा के चिन्तन पर आता है। वह लिखता है—''मृत्यु और अनुपस्थिति का जो हलका सा आभास पहले था वह अब एक गहरी छाया की तरह कविता को ढाँकने लगा सिवाय इस के कि यह छाया जिजीविषा के किसी रास्ते को बाधित या धूमिल नहीं करती।''[118] उस ने जो आश्चर्य देखा वह यह था—''.....मृत्यु के बरक्स जीवन अपने को इतनी तेजी से एसर्ट करता है कि हम भौंचक रह जाते हैं।''[119] फिर उस की सोच एक मजबूत स्थिति में आती है—''....हम किसी हालत में मृत्यु से हार नहीं मानते।''[120]

अपनी 'कुम्हार' नाम की कविता में अशोक वाजपेयी ने जनम को ले कर एक और प्रयोग किया है। वे लिखते हैं—''और मैं, पता नहीं अपने इस जनम के पहले से/पता नहीं कितनी देर से यहाँ बैठा हूँ।''[121] निश्चित है, इसे पुनर्जन्म के सिद्धान्त में विश्वास रखने वाला कथन नहीं कहा जा सकता लेकिन यह भी सच है कि यहाँ कवि पुनर्जन्म के गड्ढे में गिरने से बाल-बाल बचा है। एक बार को उस की आँखें अंधी हो ही गई थीं।

इस में कुछ भी बुरा नहीं है कि मनुष्य मृत्यु के बारे में तरह-तरह से सोचे। अशोक वाजपेयी के कवि मन ने इस बारे में अनेक कल्पनाएँ की हैं। आखिर, हर मनुष्य को मृत्यु अपने निजी स्तर पर झेलनी होती है इसलिए दर्शनशास्त्र की एक परिभाषा यह भी है कि वह मृत्यु की तैयारी है। लेकिन हर सम्भव कल्पना की अनुमति के बावजूद झूठ पर रोक लगनी ही चाहिए। पुनर्जन्म के झूठ को नकारते हुए अशोक वाजपेयी मृत्यु से दो बातें करते हैं—''एक खिलौने की तरह/उठाएगी तुम्हें एक दिन मृत्यु/और बिना तोड़े जस का तस/रख देगी/वहाँ जहाँ सुनसान होगा।''[122] कवि के पास इस सुनसान का एति-एति वाला कोई विशेषण नहीं है। वह नेति-नेति की भाषा में यही कह पाया है—''न रोशन है, न नीला, न नीरव—/देवताओं से दूर,/और पृथ्वी-आकाश से/अछूता।''[123] इसके सिवा कवि के पास एक और नजरिया है जो इन शब्दों में लिखा मिलता है—''हम चल देते हैं/छुप जाते हैं/ऋतु में, या काव्य में, या टहनियों के आकाश में....।''[124] यह बिलकुल बंगाल के जादूगर सरकार महोदय वाली बात है जो वे एक दिन टी. वी. पर अपने इंटरव्यू में बता रहे थे कि जादूगर मरा नहीं करते, बस, गायब हुआ करते हैं। हाँ, यह गायब होना कवि के लिए ओझल हो जाना है जब वे कबीर की साखी का प्रयोग करते हुए लिखते हैं :

''हम रूखी-सूखी खा और ठण्डा पानी पी कर
चल पड़ते हैं
अनन्त की राह पर

और धीरे-धीरे दृश्य में
ओझल हो जाते हैं
कि कोई देखे तो कह नहीं पाएगा
कि अभी कुछ देर पहले
हम थे।''[125]

इस कवि की देवताओं से बिलकुल नहीं पटती। उन्होंने देवताओं को चालाकी भरे देखा है। वे देवताओं को कुछ समझें भी कैसे? बताइए, उन्होंने देखा है कि 'गली के मोड़ पर/रखवाली करता देवता भी खिसक गया है/ अवसर पा कर।' कहने का मतलब यह है कि कविता 'मैं चला जाऊँगा' में कवि को ऐसे जाना है कि पीछे उस की कोई पहचान बाकी नहीं बचेगी– ''किसी को याद भी नहीं रहेगा/कि अभी थोड़ी देर पहले/ मैं था वहाँ।''[126] यहाँ पुनर्जन्म का नाम तक नहीं है क्योंकि कवि लिखते हैं–''फिर मैं चला जाऊँगा/ ऐसे कि जैसे कभी था ही नहीं।''[127] यहाँ पुनर्जन्म तो कहाँ, जो जनम था, वह भी खत्म-खत्म हुआ-सा है।

कवि की तैयारी बड़ी थी। उस के दिमाग में बड़ी चीजें थीं। उस के पास समय कम था। उस के पास देवताओं तक के वास्ते समय नहीं था। देवताओं से एक तरह से उनकी घोर लड़ाई छिड़ी ही हुई है। 'समय नहीं है' शीर्षक की कविता में लिखा गया है–''मैं देवताओं से कुछ समय तो मांग लेता/न सही वरदान/लेकिन मुझे कहाँ पता था कि मेरे पास ही समय नहीं है।''[128] इस में कवि की तुलना में देवता छोटे भी सिद्ध होते हैं। हर बहाने वे देवताओं पर व्यंग्य करके ही चलते हैं। यह जीवन के रास्ते में चलते हुए उन की देवताओं से बालकों वाली आल-दंगा है–एक लात यहाँ मारी और दूसरी ठोकर वहाँ। और, जब देवताओं की बात चल रही है तो यह जिक्र भी कर दिया जाए कि कवि का स्वर्ग-नरक में भी विश्वास नहीं है। वह अच्छी तरह जानता है कि वह 'स्वर्गनरकहीन समय में'[129] जी रहा है।

कवि का ऐसी-वैसी किसी बात में विश्वास नहीं है। कोई जादुई टोना-टोटका उस के काम का नहीं है। कोई धर्म, कोई तन्त्र, कोई दर्शन उसकी मदद में नहीं है। स्वर्ग-नरक की भीड़ में पुरखों का कहीं अता-पता नहीं है। देवताओं ने मुँह फेर लिया है। 'वासांसि जीर्णानि' की गीता की दिलाशा झूठी पड़ गई है। कवि शरीर को पुराने कपड़ों की तरह नहीं तज रहा है। उसने जन्मान्तर की पाँच सौ से ऊपर की बौद्ध जातक कथाओं को परे फेंक दिया है। वह नहीं मानता कि उच्छेदवाद की नामहीनता में वह गुम हो जाएगा। न वह लख चौरासी योनियों के बियावान में घूमने जा रहा है और न ही प्रार्थना के गीत की गूंज का सुख ले रहा है। 'शरण्य' कविता में ही लिखा गया है :

''नक्षत्रों में नहीं मिलेगा कहीं ठौर–
देवता मुँह फेर लेंगे,
स्वर्ग-नरक की भीड़ में

पुरखों का नहीं चलेगा कहीं पता-ठिकाना—
अजनबी की तरह देखेंगे मित्र और पड़ोसी।

''छोड़ नहीं पाएँगे पीछे अपनी यादें,
तज नहीं पाएंगे, पुराने कपड़ों की तरह,
अपने मोह,
....
''जन्मांतर और नामहीनता की राहत
अस्वीकार कर,
हम फिर इसी मटमैले घर
वापस आएंगे।''[130]

जाहिर है, इस पृथ्वी पर के मटमैले घर के मुकाबले में कवि ने किसी मोक्ष की कामना नहीं की है।

कवि-कर्म भाषा से ही चलता है। भाषा कवि की सब कुछ है। उसे अपनी भाषा की शक्ति पर ही भरोसा होता है। लेकिन यहाँ मृत्यु के सामने भाषा और खुद कवि कितने लाचार बने खड़े हैं :

''जो नहीं है उस के कई नाम हैं
लोप अनुपस्थिति अन्त समापन मृत्यु अवसान
पर सभी उस के होने को याद करते हुए
कोई भी नहीं जो उस के न होने को व्यक्त करे।''[131]

मृत्यु के साथ-साथ मृत्यु की सोच पर भी कोई वश न चलते और उस सोच के सिलसिले का कोई अन्त न होते हुए अन्त में कवि ने सब कुछ छोड़ कर मृत्यु का फायदा उठाना शुरू कर दिया है। हर लाचार अवस्था में इतना तो किया ही जा सकता है। इसी फायदे की सोच कर कवि ने एक स्थान पर लिखा है—''इस शताब्दी ने हमें सामाजिक समय से इतना आक्रान्त किया है कि हम यह भूल-सा गए हैं कि मृत्यु भी समय का पक्ष है; कविता में नश्वरता से जूझना समय से जूझने का ही प्रकार है। अन्ततः कविता 'नेति' का घर है पर होने का आँगन भी। कविता मृत्यु...को कुछ उजला करती है। कविता मृत्यु को मैला होने से बचाती है।''[132] यूँ, कवि ने मृत्यु से बहुत बड़ा काम लिया है। अब वह उस के लिए दुखदायी नहीं रह गई है बल्कि उसने उसे अपनी नौकरानी बना लेना चाहा है—''पत्तियों सीढ़ियों शब्दों दुःखों घावों के शिल्प से/जो रचा जाता है सरल-सा दीखता जीवन/मृत्यु उसे पूर्ण कर देती है और/जिज्ञासा के बाहर।''[133]

जब मृत्यु पर इतना सोचा है तो मृत्यु की प्रक्रिया भी कवि की पकड़ से बाहर नहीं रह सकी है। इस रसायन को जानना ही चाहिए कि अन्त की प्रक्रिया क्या होगी। अन्त होगा पर वह किस तरह होगा? क्या एक झटके में अन्त हो जाएगा? कवि की सोच

है कि ऐसा नहीं होना चाहिए। वे आशा रखते हैं–"कुछ पहले तो बताया ही जाएगा/ भले ऐसी भाषा में / कि हमारी समझ में न आए।"[134] वे अपनी इस आशा को बलवती बनाए रखते हैं–"एक बार तो दस्तक होगी/दरवाजा खुलने के पहले, / आवाज रुँधने के पहले, एक बार तो होगी चीख या पुकार।'[135] कवि की शान्ति यही है–"एकदम से नहीं होगा अन्त!"[136] कुछ तो आभास दिया ही जाएगा। कोई न कोई संकेत तो आएंगे ही। ऐसा कैसे हो जाएगा कि बिना कोई पूर्व-सूचना दिए एक झटके से अन्त हो जाएगा?

पहले कहा जा चुका है कि मृत्यु पर जितनी तरह से इस कवि ने सोचा है उतनी तरह से अन्य कवियों ने नहीं सोचा। यह संभावना इसलिए बनी क्योंकि मृत्यु को ले कर वह किसी वाद से नहीं जुड़ा है। यदि वह धार्मिक स्वर्ग-नरक को मान लेता या हिन्दुओं के पुनर्जन्म के सिद्धान्त को स्वीकार कर लेता तो मृत्यु, मौन और चुप्पी पर उस की सोच की ऐसी विविधता न खड़ी होती जैसी अब हुई है। एक जगह उस ने मृत्यु को ही झमेले में डाल दिया है–"जो जाता है/थोड़ा-थोड़ा हमें भी ले जाता है/और इसलिए कभी/पूरी तरह से नहीं जाता।"[137] यूँ, जाने की एक श्रृंखला चल रही है। एक में दूसरा समाया हुआ है। दादा पोते में रुक रहा है। संतति में पुरखे ठहर जाते हैं। बड़ी चतुराई से इसमें 'जाना, न जाना' दोनों एक हो जाते हैं।

मृत्यु की गुत्थी सुलझती नहीं है। इस बारे में कवि धार्मिक प्रवाचकों की तरह उत्तर नहीं देता बल्कि जिज्ञासुओं की तरह पूछता ही रहता है। एक बार उसे लगता है–"एक जन्म ही नहीं फुँकता/एक जीवन की ही नहीं होती अंत्येष्टि/कुछ और जन्म भी झुलसते हैं / कुछ और जीवन भी सरकते हैं/अन्त की ओर....।"[138] यहाँ भी वह खुद मृत्यु को अपनी सोच के जाल में उलझाना चाहता है। फिर, उस की समझ में यह भी आता है–"आग ही लाई थी/जिसे/उसे/आग ही ले जाती है।"[139] यहाँ तक ठीक है, लेकिन कबीर की भाषा का प्रयोग करके भी कवि को चैन नहीं है। वह अन्तिम सवाल पूछना बन्द नहीं करता–"गगन की ओट निशाना किए हुए/दाएँ चन्द्रमा और बाएँ सूरज / इनके बीच छिपाते हुए /वह जो / आग में लपटों में / उस द्वार के पार / जाता है / कहाँ जाता है?"[140]

'अन्त' पर कवि ने हर तरह से सोचा है। यह उस का मुख्य और प्रिय विषय रहा है। लेकिन उस की कोशिश है कि इस मामले में वह किसी भ्रम में न रहे। यह विशेषता है कि अन्त को ले कर वह किसी जन्मान्तर के झमेले में नहीं पड़ा। इस विचार में वह विकसित होता गया है और जन्मान्तर के सिद्धान्त को काटता गया है। 1990 में कवि ने अपनी कविता 'अन्त के बाद' में लिखा है :

"अन्त के बाद
कुछ नहीं होगा–
न वापसी
न रूपान्तर

न फिर कोई आरम्भ।
अन्त के बाद
सिर्फ अन्त होगा।''[141]

कवि अन्त को समझने की पूरी तैयारी में हैं। वे लिखते हैं—''अन्त के बाद/हमारे लिए कुछ नहीं होगा—।''[142] यदि कुछ होगा तो 'अन्त के बाद / सिर्फ / अन्त होगा, / हमारे लिए।'[143]

एक झटके में अन्त की बात नकार कर भी 'विदा का कोई समय नहीं है' कविता में 'सगुण निराकार'[144] दोनों से विदा ली गई है। यह ज्यादा बड़ी बात है। यदि कबीर से समझ ली जाए तो वे भी सगुण और निर्गुण दोनों से परे की सोचते थे। इस कविता की प्रमुख प्राप्ति यह है कि इसमें 'विदा/देवताओं के पाखण्ड और ब्रह्म-प्रपंच'[145] से भी ली गई है। विदा से पहले जो कुछ भी धरती पर है वह जीने और रहने तक का उपाय है। 'घर और घर नहीं' कविता में अलविदा 'न लौटने का घर'[146] होती है। इन कविताओं में 'शून्य शिखर', 'अनहद' और 'गगन मण्डल' के शब्दों का भी प्रयोग हुआ है। यह 'नहीं का गलियारा'[147] है जिस में नाम 'अब अनुपस्थिति की संज्ञा बन गया'[148] है और 'प्रार्थना में कोई शब्द नहीं है।'[149] 'रोशनी लौ चेहरा/कुछ/नहीं है।'[150] 'समय अपना भिक्षापात्र लिए खड़ा है/उस द्वार के बाहर/जिस से अब किसी को बाहर नहीं आना है।'[151] यह 'बलिपशुओं का आर्तनाद-सा'[152] 'रक्तस्नात अन्त'[153] है। इसमें 'होना पृथ्वी'[154] है और 'न होना आकाश'[155] है। चाहे तो कोई इसे शून्य कह सकता है लेकिन यह बौद्धों के शून्य से अलग होना चाहिए।

इस प्रकार कवि ने मृत्यु पर अनेक पहलुओं से सोचा है लेकिन अन्ततः कबीर ही उनकी इस गुत्थी को यह प्रतिप्रश्न पूछ कर सुलझाते हैं—'बहुरि हम काहैं कूँ आवहिंगे?'[156] यह कबीर के रूप में जाने वाले व्यक्ति की अपनी तरफ से अपनी बात हो गई—'हम दोबारा क्यों आवेंगे?' लेकिन दूसरी तरफ से क्या है? भेजने वाले की तरफ से इस बारे में क्या कहा जा सकता है? इस में यही कहा जा सकता है—''परमात्मा के कारखाने में आदमी बनाने की कोई कमी थोड़े ही है? जिसने हमें बना दिया, क्या वह अपने कारखाने में हम जैसे दूसरे नहीं बना सकता? वह अपने कारखाने में इतना कमजोर और लाचार थोड़े ही है जो हमें ही बार-बार भेजता रहेगा। वह सृजक और कलाकार है—वह हमारे बजाय हम जैसे दूसरे भेजेगा। यह उस की ताकत में है।''

इस मौत की कहानी में एक बात बिलकुल छूट गई है। पुनर्जन्म खत्म है लेकिन उस का क्या हुआ जिसे भारत के कई प्राचीन धर्म 'कर्मवाद' कहते हैं? उत्तर में कहना चाहिए कि इस कवि के लिए पुनर्जन्म के साथ-साथ उसका जोड़ीदार धार्मिक कर्मफल भी दफन है। पुनर्जन्म से जुड़ा हुआ सारा कर्मवाद झूठा है। असल में, भारतीय चिन्तन में कर्मवाद और पुनर्जन्म के दो शैतान घुसे हुए हैं जिन्होंने बड़े-बड़े दार्शनिकों को बहका लिया है। बेहद खुशी की बात है कि यह कवि इन दोनों शैतानों की पकड़ से निफराम, साईसूता और बेदाग बाहर खड़ा है।

IX

कवि ने नैतिकता की खोज की है। यह एक बड़ी चीज है। इस नैतिकता का एक वातावरण है। यह शून्य में घटित नहीं हो सकती। कविता के भीतर आ कर यह नैतिकता सच कहने की क्षमता में आ जाती है। इसमें दूसरों के बजाय अपने आप को टटोलना पड़ता है। इस नैतिकता में इस बात पर जोर दिया जाता है कि दूसरों की बनिस्पत अपने आपे का सुधार करो। कवि ने लिखा है–''मैं कई बार यह कहता रहा हूँ कि कविता की अदालत में आप दूसरों पर आरोप नहीं लगा सकते क्योंकि कविता की नैतिकता औरों पर दोषारोपण करने और अपनी जिम्मेदारी से बचने की अनुमति नहीं देती। आप उसकी अदालत में सिर्फ अपने गुनाहों के लिए हलफ भर उठा सकते हैं। इस संग्रह और इस संग्रह के बाद की अधिकांश कविताएँ एक तरह का हलफनामा है : अपनी कमियों, गुस्ताखियों, गुनाहों और भूल-चूकों का आत्मस्वीकार।''[157]

नैतिकता से भी बढ़कर यह मूल नैतिकता है। इस में सक्रियता बोलती है। कविता में इस मूल नैतिकता के अनेक काम हैं। यह ज्यादा जिम्मेदारी की बात है। कवि का विचार है–''....कविता गवाह कम हिस्सेदार अधिक है। उसकी मूल नैतिकता उसे फैसला देने से रोकती है लेकिन वह हमेशा ही मनुष्य की स्वतन्त्रता-समता-न्याय की पक्षधर है। कविता परम्परा में जब-तब हस्तक्षेप है लेकिन उसे पुष्ट-समृद्ध करने की जिम्मेदारी भी उसी की है। कविता प्रश्नवाचक भी है, और अनुष्ठान भी। .....कविता राजनीति, परिवर्तन, विचारधारा, आस्था, प्रतिबद्धता आदि के मुकाबले कहीं अधिक अनिवार्य और अदम्य रूप से नैतिक कर्म है।''[158]

लेकिन कवि ने जिस नैतिकता और मूल नैतिकता की खोज की है, वह द्विज कानूनों में बाध्य हो कर पली-बढ़ी है। द्विज संस्कारों में रहते हुए ऐसी ही कविताएँ लिखी जा सकती हैं। कवि ने लिखा हैं–''मैं उठाता हूँ/अपनी कविताएँ, अधूरी चिट्ठियाँ/ पुराने प्रेम..... ।''[159]

यहाँ लम्बी बात कही जाए कि द्विज व्यक्ति घुट-घुट कर जीता है। बाद में उसे वह अपनी नियति मान लेता है। ऐसा नहीं माना जा सकता कि एक द्विज कवि का ही नहीं, बल्कि किसी अन्य द्विज व्यक्ति का भी प्रेम कभी पूरा उतरा हो। द्विज कानून में प्रेम क़रने की मनाही है। इस मनाही के रहते हुए जो कुछ होता है वह नैतिक दृष्टि से सही नहीं माना जा सकता। तब प्रेम का कहीं नामोनिशान नहीं रह जाता। एक

घोषणा की जा सकती है कि द्विजों के लिए प्रेम के घर बहुत दूर रह जाते हैं। प्रेम वही होता है जो पार उतरे। बीच में छोड़े हुए रिश्ते प्रेम के नहीं होते। खुद कवि ने उसे अवैध प्रेम कहना चाहा है। कवि ने लिखा है–"पहले अवैध प्रेम को कविता में लाने की हिम्मत नहीं हुई। कविता लिखना जाहिर करना था। वह सार्वजनिक स्वीकार थी जिसकी मध्यवर्गीय पारिवारिक व्यवस्था में मुहलत ही नहीं थी। वह अनुभव गोपन था पर केन्द्रीय था और दुर्भाग्य से उस की कविता में जगह नहीं थी।"[160] "इसमें एक सबक था जो बाद में बहुत काम आया : कई बार कविता में वह नहीं आ सकता जो आप के लिए वैसे बहुत उत्कट और प्राथमिक है।"[161] "कविता से जीवन बड़ा है–उस का कुछ कविता से भी छुपाया जा सकता है। पूरा जीवन कविता को शायद कभी उपलभ्य नहीं होता। जीवन कवितातीत होता है।"[162]

वही बात सामने आई जिस की तरफ इस लेख में अब तक इशारा किया जाता रहा है। कवि अपनी मूल नैतिकता या नैतिकता के लिए लड़ नहीं पाया है। अभिव्यक्ति के लिए उसने दूसरा रास्ता पकड़ा है। वह लिखता है–"प्रेम-कविताओं में ऐन्द्रिकता का रंग कुछ और गहरा हो उठा है और कामना की विकल तद्भवता घटती है प्रेम के तत्सम संसार में। प्राकृतिक उपादान अभी भी कविता के मूलाधार हैं। प्रेम में शरीर की उपस्थिति और सक्रियता का खुला और निस्संकोच स्वीकार है। कविता की कोशिश नाम देने की है : वह नाम लेने से हिचकती या घबराती नहीं है।"[163] लेकिन यह गर्वोक्ति ही बन कर रह गई है और सब कुछ तत्सम बन गया है। अब तद्भव की विकलता का कहाँ अता-पता? कहना भर नहीं था, लड़ कर दिखाना था। अवैध प्रेम को वैध बनाने की क्षमता दिखानी चाहिए थी। लेकिन लगता है, कवि जीवन और प्रेम के बजाय कविता पर आ कर टिक गया है। तभी उसने लिखा है–"प्रेम में आवृत्ति अग्राह्य है पर मुझे कविता में उस की नई सम्भावना लगी...।"[164] इस कथन में प्रेम की साधना सधी नहीं बल्कि वह बिखर गई है। तभी दिगम्बरा-1, दिगम्बर-2, दिगम्बरा-3, दिगम्बरा-4 और दिगम्बरा-5 के शीर्षकों की कविताओं ने जन्म लिया है। ऐसी स्थिति में कवि की इस शिकायत को पढ़ा जा सकता है–"मुझे अकसर प्रेम का, बहुत हुआ तो 'देह और गेह' का, कवि कह कर डिसमिस कर दिया जाता है।"[165] लेकिन जरूरत इस बात की है कि नैतिकता को कानून बनाया जाए। उस के लिए कवि ने क्या किया है? जब तक उस दिशा में कुछ नहीं किया जाएगा, कवि को प्रेम का भी कवि नहीं कहा जाएगा। यदि प्रेम कानून के हाथों हलाल करवाया जाता रहेगा तो इस में कवि की तड़प क्या है? द्विज संस्कृति में इस एक बड़े बदलाव की भारी जरूरत है नहीं तो सब कुछ, पहले की तरह, विवाहेतर सम्बन्धों का जारकर्म बना रहेगा।

X

किसी कवि के जीवन, काव्य और दर्शन को समझने के लिए उस के सांस्कृतिक वातावरण को समझना जरूरी है। एकांगी साहित्य-समीक्षाशास्त्र किसी काम का नहीं है। दुर्भाग्य से, हिन्दी के समीक्षाशास्त्र में इस के एकपक्षीय होने की वकालत की जाती है। वे मानते हैं कि साहित्यिक-विवेचन संविधान की धाराओं, कानून के प्रावधानों और न्यायालयों के निर्णयों का मुखापेक्षी नहीं होता।[166] लेकिन इस के विपरीत, साहित्यिक विवेचन के बहुपक्षीय होने के पक्ष में यहाँ जो बात कही जा रही है वह यह है कि इसे संविधान के अनुच्छेदों, कानून की धाराओं और न्यायालयों के निर्णयों के साथ-साथ धर्मशास्त्र के श्लोकों, इतिहास के राजाओं और समाजशास्त्र के विभाजनों के साथ मिला कर पढ़ा जाना चाहिए। भुक्खड़ कवि और दरबारी कवि की कविता में अन्तर जरूर होगा। न कमाने वाले तुलसी और कमा कर खाने वाले कबीर की कविता में फर्क होना ही है। कविता शून्य में नहीं लिखी जाती और न ही वह अपनी संस्कृति से इतनी निरपेक्ष होती है।

कवि ने लिखा है—"मुझे अक्सर प्रेम का, बहुत हुआ तो 'देह और गेह' का कवि कह कर डिसमिस कर दिया जाता है।"[167] आलोचना के क्षेत्र में ऐसा करना गलत है। कवि ने केवल अपनी संस्कृति का प्रतिनिधित्व किया है। यदि डिसमिस करना है तो उसकी संस्कृति को किया जाना चाहिए। यहाँ ध्यान रखा जाए कि कवि ने अपनी संस्कृति का केवल प्रतिनिधित्व किया है, उसका बचाव नहीं किया। बचाव यदि किया है तो अपने व्यक्तित्व का किया है जो उस का हक है। कवि सच बोलता है तो हाय-हाय मचती है, झूठ बोल जाए तो वाहवाही होगी। लेकिन इस कवि ने इतना विद्रोह जरूर ठान रखा है कि कथनी और करनी को एक कर के रहेगा। यह कबीर का अद्वैत है, शंकर की अनिर्वचनीयता नहीं। यहाँ परमार्थ में और व्यवहार में अन्तर नहीं होता। कवि ने वे ही रास्ते चल कर दिखाए हैं जिनकी अनुमति उस की संस्कृति ने दी है। यह सच बात है कि कवि खुद अपनी संस्कृति से विद्रोह नहीं कर सका। लेकिन इस बारे में केवल इस कवि को दोष कैसे दिया जा सकता है? उस की संस्कृति के तीन हजार साल के इतिहास में एक बेचारे अशोक वाजपेयी क्या, कालिदास समेत आज तक कोई कवि या व्यक्ति विद्रोह नहीं कर सका। वह आरोप एक धोरे से सब पर जाता है। खुद इस युग के गांधी जी उस आरोप से बरी कहाँ हुए हैं जिन्हें महात्मा और महानतम कहा जाता है? क्या बताया जाए कि इस बारे में गांधी जी क्या कहते हैं? यहाँ उनके वे विचार बताए जा सकते हैं।

गाँधी जी को किसी युवक ने पत्र लिखा था। उस के बारे में वे लिखते हैं —"सार देना ही सम्भव होने के कारण एक युवक द्वारा लिखे गए पत्र का सार नीचे दिया जा

रहा है :—"मैं विवाहित हूँ; मैं विदेश चला गया था। मेरा एक मित्र था, जिस पर मुझको और मेरे माता-पिता को पूरा विश्वास था। उस मित्र ने मेरी पत्नी को बहका लिया है। अब मैंने विदेश से वापस आ कर अपनी पत्नी को उस मित्र के संसर्ग से गर्भवती पाया और पिता से कहा तो वे कहते हैं कि गर्भपात करा देना चाहिए; यदि ऐसा न हुआ तो कुटुम्ब की लाज चली जाएगी। मुझे गर्भपात कराने में धर्म नहीं दिखता। स्त्री को बड़ा पश्चाताप हो रहा है। उसने खाना-पीना बन्द कर रखा है, और बहुत रोती-पीटती है। मेरा क्या धर्म है, कृपया मुझे बतलायें?" इस के बाद गाँधी जी लिखते हैं—"यह पत्र मैं बहुत संकोच के साथ प्रकाशित कर रहा हूँ। ऐसी घटनाएँ समाज में होती रहती हैं, यह सभी जानते हैं। उनके बारे में प्रकट रूप से मर्यादा के साथ चर्चा करना मुझे अनुचित नहीं जान पड़ता; यही नहीं बल्कि वह आवश्यक मालूम होता है।"[168] इस के बाद गाँधी जी ने अपनी पूरी राय दी है जो इस प्रकार है—"गर्भपात नहीं कराना चाहिए, यह तो सूर्यप्रकाश की तरह स्पष्ट है। जैसा दोष इस बेचारी पत्नी ने किया है, वैसा दोष हजारों पति करते हैं। पर उनको कोई कुछ नहीं कहता। समाज इसे बर्दाश्त तो कर ही लेता है, इसकी निन्दा भी नहीं करता। पुरुष जिस विकार के वश में है, उसी के वश में स्त्री भी है। फर्क सिर्फ इतना ही है कि पुरुष का दोष प्रकट नहीं होता और स्त्री का सहज ही प्रकट हो जाता है।"[169] वे आगे लिखते हैं—"स्त्री दया की पात्र है। उसके बालक का प्रेम के साथ पालन करना पति का धर्म है। पिता की इच्छा के आधीन न होना धर्म है। अब पति अपनी पत्नी के साथ संभोग करे या न करे, यह एक जटिल प्रश्न है। यदि पति पत्नीपरायण हो, उसने स्वयं कभी दोष न किया हो तो पत्नीसंग का त्याग करना उसके लिए उचित है। वह पत्नी का पालन-पोषण करे, उसके लिए ज्ञान प्राप्त करने की व्यवस्था करे, और पत्नी को शुद्ध रहने में सहायता करे। यदि पत्नी को सच्चा पश्चाताप हुआ हो और पति उसे ग्रहण करे तो मुझे उसमें कोई दोष नहीं दीखता। और ऐसी स्थिति की कल्पना मैं कर सकता हूँ, जबकि उसे, जिसका मन दोष से पूरी तरह से मुक्त हो गया है, ग्रहण करना धर्म हो जाता है।"[170]

यह जारकर्म के बारे में गांधी जी की बात हुई लेकिन इधर एक दूसरे हिन्दू स्वामी रामसुख दास ने 'गृहस्थ' में कैसे रहें?' नाम से एक किताब लिखी है। इस में बलात्कार के बारे में एक प्रश्नोत्तर दिया गया है जो इस प्रकार है :

"प्रश्न — यदि कोई विवाहित स्त्री से बलात्कार करे और गर्भ रह जाए तो क्या करना चाहिए?

उत्तर — जहाँ तक बने, स्त्री के लिए चुप रहना ही बढ़िया है। पति को पता लग जाए तो उस को भी चुप रहना चाहिए। दोनों के चुप रहने में ही फायदा है।.....गर्भ गिराने में हमारी सम्मति नहीं है, क्योंकि गर्भ की हत्या महापाप है।'[171]

इधर एक कानूनी फैसला आया है। एक ब्राह्मण है। उस की एक बेटी है। उसका नाम श्रीमती पायल शर्मा है। वह अविवाहित है। वह एक आदमी के साथ रह रही है। आदमी विवाहित है। यह बाप नहीं चाहता कि उस की बेटी इस प्रकार एक परपुरुष के साथ रहे। उस ने पुलिस का सहारा लिया लेकिन उस की बेटी ने अदालत का सहारा लिया। इस बारे में इलाहाबाद हाई कोर्ट ने जो अंग्रेजी में दो पैरों का निर्णय दिया है यहाँ उस के पहले पैरे का हिन्दी में अनुवाद करके दिया जा रहा है। वह इस प्रकार है–''वादिनी श्रीमती पायल शर्मा उर्फ कमला शर्मा हमारे सामने उपस्थित हुई और उस ने कहा कि वह हाई स्कूल के प्रमाणपत्र के अनुसार लगभग 21 वर्ष की है जिस में उस की जन्मतिथि 10-7-1980 दर्ज है। इस प्रकार वह वयस्क है और उस का अधिकार है कि वह कहीं भी जा सकती है और किसी के साथ रह सकती है। हमारी राय में, एक पुरुष और एक स्त्री, बिना आपस में शादी किए भी, यदि वे चाहते हैं तो एक साथ रह सकते हैं। समाज इसे सदाचारहीनता कह सकता है लेकिन यह गैर-कानूनी नहीं है। कानून और सदाचार में एक अन्तर है।''[172]

भारत की सुप्रीम कोर्ट ने बच्चे की पैतृकता निर्धारण करने के लिए वैज्ञानिक रक्त परीक्षण पर पाबन्दी लगा रखी है। यह 'गौतम कुन्दू बनाम पश्चिमी बंगाल राज्य और एक अन्य' का मामला है। गौतम कुन्दू की शादी 16-1-1990 को हुई थी। उस की पत्नी 5-4-1990 से चलने वाली और 10-5-1990 को समाप्त होने वाली हायर सैकेन्डरी परीक्षा में बैठने के लिए ससुराल से अपने मायके में चली गई। अप्रैल 1990 में वह गर्भवती हो गई। उस के गर्भवती होने का पता लगने पर उस के ससुराल वालों ने नहीं चाहा कि वह उस बच्चे को जन्म दे। उसे गर्भ गिराने के लिए मजबूर किया गया जिस के लिए वह राजी नहीं हुई। वह अक्टूबर 1990 में दुर्गा पूजा के समय अपने मायके चली गई। मायके में 3-1-1991 को उसे एक बेटी पैदा हुई। उस ने अपने लिए और अपनी बेटी के भरण-पोषण के लिए अपने पति के खिलाफ कोर्ट में दावा ठोका। पति ने बच्ची की पैतृकता निर्धारण करने के लिए रक्त-परीक्षण की मांग की। मामला सुप्रीम कोर्ट तक पहुँचा। जो सुप्रीम कोर्ट ने निर्णय दिया उस के कुछ अंश इस प्रकार हैं–''भारत में धर्मजत्व की प्रास्थिति को विधि ने विशेष संरक्षण प्रदान किया है। भारत में इस प्रकार के साक्ष्य के सम्बन्ध में विधि बहुत कठोर है जो किसी सन्तान के धर्मजत्व की उपधारणा का खंडन करने के लिए दिया जा सकता है। यहाँ तक कि यह सबूत भी सन्तान की अधर्मजता साबित करने के लिए काफी नहीं होगा कि उस की माता ने अनेक व्यक्तियों के साथ जारकर्म किया।''[173] सुप्रीम कोर्ट ने यह भी लिखा है कि–''लोक नीति को ध्यान में रखते हुए इस प्रकार की पाबन्दी न्यायोचित है क्योंकि सन्तान की प्रास्थिति को यों चुटकियों में न उड़ाए जाने के अनेक कारण हैं। किसी के माथे पर लगा अधर्मजता का लांछन बहुत कठोर होता है और हमारे पास अधर्मज सन्तानों का संरक्षण करने के लिए इंग्लैण्ड की भांति कोई विधान नहीं है।''[174] सुप्रीम

कोर्ट ने निर्णय दिया है–''इस में कोई संदेह नहीं है कि ऐसी स्थिति कुछ मामलों में पति से ऐसी सन्तानों का भरण-पोषण करने की अपेक्षा कर सकती है जिन का वह संभवतः पिता न हो। किन्तु विधानमंडल ही विधि की कठोरता में परिवर्तन ला सकता है, न कि न्यायालय। न्यायालय विधि द्वारा अपेक्षित साक्ष्य से भिन्न साक्ष्य को अपने निष्कर्ष का आधार नहीं बना सकता।''[175]

तो, इन शर्तों और बन्धनों के बीच रह कर अशोक वाजपेयी ने अपनी देह और गेह की कविताएँ लिखी हैं। गांधी जी उस आदमी के बारे में बात ही नहीं करते जिस ने परनारी के साथ जारकर्म करके उसे गर्भवती किया है। असली अपराधी उन के महात्माई जिक्र में नहीं है। स्वामी राम सुख दास धार्मिक सलाह दे रहे हैं कि बलात्कारी के खिलाफ एक बात मत कहो और चुप रहो। चुप रहने में ही फायदा है। वे फायदे और नुकसान का हिसाब लगा रहे हैं कि बलात्कारी को कोई नुकसान न हो जाए। इलाहाबाद हाई कोर्ट निर्णय दे रही है कि कोई औरत किसी भी आदमी के साथ सो और रह सकती है। इस में कानूनी रूप से कुछ भी गलत नहीं है। सुप्रीम कोर्ट ने निर्णय दिया है कि पैतृकता के लिए किसी जारकर्मी पुरुष को जिम्मेदार नहीं ठहराया जा सकता। पति को ही उस पत्नी का और उस के ऐसे बच्चों का भरण-पोषण करना पड़ेगा।

धर्मनेताओं के दो उपदेशों और न्यायालयों के दो निर्णयों में धर्म और कानून की सारी बातें पूरी हो गई हैं। पता चलता है कि जारकर्मी और बलात्कारी को कितनी छूट और स्वतन्त्रता मिली हुई है तथा पिता और पति पर कितने बन्धन और कैसी गुलामी डाली गई है। ऐसी सांस्कृतिक परिस्थितियों में कोई बताए कि मेरे इस कवि की गलती क्या है? शायद गलती यह है कि काव्य में पौराणिक-छिपाव रखने का पर्दा तोड़ दिया है। यदि तुलना की जाए तो इस कवि ने राधा को दिगम्बरा कहा है। कवि को अनुमति यह थी कि वह राधा-1, राधा-2, राधा-3, राधा-4 और राधा-5 के शीर्षकों से कविता लिखता लेकिन जिसकी अनुमति नहीं है वह दिगम्बरा-1, दिगम्बरा-2, दिगम्बरा-3, दिगम्बरा-4 और दिगम्बरा-5 के शीर्षकों की है। लेकिन कवि ने ज्यादा से ज्यादा कविता में नैतिकता और सच बोलने की एक कसम-सी खाई है। उस ने अनुभव किया है कि इस संस्कृति में राधा दिगम्बरा है। गोपियों की संख्याएँ राधा-1, राधा-2 और राधा-3 आदि ही तो हैं।

कवि ने ऐसा क्या किया है जो उसे 'देह और गेह' का कवि कह कर डिसमिस कर दिया जाता है? सुना तो जाए कि इस कवि का अपराध क्या है? शायद कवि का अपराध यह है कि उस ने कविता में नैतिकता बरतने की कसम खा ली है। जो कविता में घटित हो रहा है वह उसे सभ्य जगत में बताता रहा है। दार्शनिक स्तर पर उस का सीधा अपराध यह है कि उस ने माया की मरीचिका को शंकर द्वारा अनिर्वचनीय घोषित कर दिए जाने के बावजूद कुछ-कुछ निर्वचनीय घोषित करने का दुस्साहस किया है। जहाँ उसे चुप रहना चाहिए था वहाँ वह बड़बोला बना है। कवि सफाई में कह सकता है कि उस ने केवल अपने बारे में बताया है लेकिन संस्कृति के ठेकेदारों को पता चल

गया है कि इस में उन के समाज की कलई खुल गई है। उन के यहाँ किसी व्यक्ति को यह अधिकार नहीं है कि अनिर्वचनीय घोषित किए गए विषयों को वह अपने व्यक्तिगत स्तर पर भी निर्वचनीय बनाए। सारा ताना-बाना बुना पड़ा है। एक धागे को छेड़ते हर दूसरा धागा टूटता और उलझता है। यह बुनावट अजीब और पूरी है। उन का फायदा इस बात में है कि जो अनिर्वचनीय है उसे अनिर्वचनीय रहने दिया जाए। वे नहीं मानेंगे कि अशोक वाजपेयी शंकर से बड़े आचार्य पैदा हो गए हैं।

ऐसा भी नहीं है कि कवि ने सच में अनिर्वचनीय को निर्वचनीय बनाया हो। उस ने किया केवल इतना है कि परमार्थ के जिक्र को थोड़ी देर के लिए परे हटा कर व्यवहार पर थोड़ी बयानबाजी कर दी है। पर, इसी बयानबाजी की तो द्विज संस्कृति में मनाही है। उन के यहाँ इस से बड़ा अपराध दूसरा नहीं हो सकता। शिकायत यह है कि जब इस संस्कृति ने इस कवि को अन्य सारे दूसरे कवियों की तरह इस की पूरी स्वतंत्रता दे रखी थी कि जो वह कर रहा है उसे खूब करता रहे पर कवि ने पलट कर उसे कहने का विद्रोह क्यों दिखाया है? करने की मनाही नहीं है बल्कि कहने की मनाही है। कथनी और करनी में भेद क्यों नहीं रखा और उन में एकता कायम करने की कोशिश क्यों की? कहना था तो पुराण का रास्ता पकड़ते, काव्य की पौराणिक शैली इसीलिए खड़ी की गई है। वेद का सहारा ले कर कामायनी लिखते, पुराण की पूंछ पकड़ कर उर्वशी रचते, कुंज-गलियों में राधा गोरी के खूब रास रचाते, अपनी बात कहने के उपलब्ध रास्ते ढूंढ़ते, यह क्या कि कवि ने अपनी दिगम्बराओं पर सीधे लिखना शुरू कर दिया! रम्भा थी, मेनका थी और दूसरी एक से एक बढ़कर अप्सराएँ थीं, सब से बढ़ कर राधा थी और अन्य सुलभ नंगी गोपिकाएँ थीं, अश्वघोष की डोम्बी, चाण्डाली और बंगालन की महामुद्राएँ थीं, पर इन सब से अलग ये कवि की अपनी नई दिगम्बराएँ कहाँ से आ गईं? जब पहले से प्रचलित और वैध नाम दिए गए हैं तो अपने निजी नाम देने की हिम्मत कैसे जुट गई?

लेकिन कवि ने अपने सिवा किसी का कुछ कहा ही नहीं। पर इस मामले में भी वह अपने आपको तीस मार्खा न समझे। जो अन्य द्विज कवि दिगम्बराओं के नाम से अपनी कविताएँ नहीं लिखते उन की दिगम्बराएँ इस कवि की दिगम्बराओं से संख्या में तीन गुनी होंगी। और तो और, जो इन कविताओं का द्विज पाठक है उस की अपनी दिगम्बराएँ इन से पाँच गुनी ज्यादा होंगी। इस मामले में हर ब्राह्मण बिना घोषणा का वज्रयानी सिद्ध ही तो है।

सच को लिखने के क्या फायदे और क्या नुकसान हैं? नुकसान यह है कि सांस्कृतिक नियतिवाद के टूटने के खतरे पैदा होते हैं। फायदा यह है कि समाज में पारिवारिक सदाचार की प्रतिष्ठा होती है। लिखने से चर्चा को अवसर मिलता है। तब अपनी परम्परा की अच्छाई और बुराई पर अनुमान लगाए जा सकते हैं। कहीं खोट हो तो उसे सुधारा जा सकता है। बुराई का पता चलेगा तो अच्छा समाधान निकल सकता

है। लेकिन जब कहने न दिया जाए और लिखने न दिया जाए, और जब कौम के कवि भी इस सांस्कृतिक दाब-धौंस को मानते रहें तो फिर विधवा के पुनर्विवाह की मनाही जैसी जो बुराइयाँ हैं, वे ज्यों की त्यों बनी रहेंगी। इस कवि ने कोई बहुत बड़ी क्रान्ति नहीं की है पर इतना काम जरूर किया है कि कविता में नैतिकता को निभाते हुए प्रेम, देह और गेह के नाम से द्विज संस्कृति को ओप्रेशन की टेबल पर लम्बलेट कर दिया है। अब यह काम साहित्य के आलोचकों का है कि वे नए सिरे से चीर-फाड़ कर के विभक्तताओं और पृथकताओं में तारतम्य और समायोजन पेश करें।

कवि स्वतंत्र होना चाहता है किन्तु वह अपनी द्विज संस्कृति के नियतिवाद के घेरे में फंसा हुआ है। वह अपने जीवन में प्रेम, देह और गेह का एक तारतम्य बनाना चाहता था लेकिन द्विज संस्कृति के कारण इन तीनों की विभक्तताओं और पृथकताओं में खुद को खड़ा पाता है। ऐसे में प्रेम, देह और गेह में से कुछ भी नहीं सधता और मनुष्य भीतर से टूट और बाहर काँच के टुकड़ों की तरह बिखर कर रह जाता है। व्यक्ति के नाम पर कवि शरीर और मन का ढाँचा मात्र होता है। इस कवि ने ज्यादा शोर नहीं मचाया क्योंकि वह कुछ समझौते करता गया है। कोई द्विज कवि समझौते न करे और प्रेम, देह और गेह की अद्वैतता खड़ी करना चाहे तब देखते ही बनेगी—कि उस का क्या हाल होता है। मुझे नहीं लगता कि द्विजों के तीन हजार सालों के इतिहास में अभी तक एक भी सच्चा कवि पैदा हुआ है। यदि होता तो क्या उन में से एक ऐसा नहीं करता कि किसी विधवा से विवाह करके दिखाता? क्या द्विज कवियों ने मान लिया था कि उन की लाखों-करोड़ों विधवाओं में से एक भी विधवा प्रेम के काबिल और पुनर्विवाह के योग्य नहीं रह गई थी? वास्तव में, द्विज कौमों के कवि संसार में इतने कमजोर कवि निकले हैं कि उन्हें बाल-विधवाओं में भी प्रेम और विवाह की पवित्रता नहीं दीखी। ऐसे कवियों को कवि कहना कहाँ तक उचित है? जिस कौम के कवि भी अपने अन्याय भरे सांस्कृतिक नियतिवाद को नहीं तोड़ सकते तो उस कौम का इतिहास गुलामी का ही रह सकता था जैसा कि भारत में यवनों से ले कर अंग्रेजों तक के दबाव में रहा है। शंकर संन्यासी बन गए लेकिन सवाल यह है कि क्या वे किसी विधवा से शादी कर सकते थे? वे संन्यासी इसलिए बन सके क्योंकि उन की संस्कृति ने उन्हें इस की अनुमति दे रखी थी। यह बहुत आसान बात हुई कि आप वैसा करें जिस की समाज की ओर से अनुमति आप को मिली हुई है। चलो, मान लिया, एक शंकर का रुझान संन्यास की ओर हो गया, लेकिन क्या कोई दूसरा शंकर ऐसा हुआ जो किसी विधवा ब्राह्मणी से शादी कर सका? तीन हजार सालों के इतिहास में करोड़ों ब्राह्मण पैदा हो कर मर गए हैं पर उन में से एक भी ऐसा रैडिकल पैदा क्यों नहीं हो सका जो विधवा के पुनर्विवाह का चलन शुरू कर देता? बाकी भेड़ाचाल के डरपोकों की क्या कही जाए, कवियों की दृष्टि से भी द्विजों की पूरी कौम वीरों से खाली रही है। आखिर, पूरे इतिहास में एक भी पैदा नहीं हो सका। इसी दृष्टि से कहा जा रहा है

कि यह कवि भी खुद को रैडिकलिस्ट कह कर इस शब्द के अर्थ बदल कर हलके न करे। इस शब्द को ज्यों का त्यों बना रहने दिया जाए—जब कोई भविष्य में पैदा होगा तब उसे रैडिकलिस्ट कह दिया जाएगा। ऐसा कह कर कवि को नीचे नहीं गिराया जा रहा है, कहा यह जा रहा है कि उस के साथ-साथ उस की पूरी संस्कृति में आज तक कोई रैडिकलिस्ट पैदा नहीं हुआ है।

XI

अशोक वाजपेयी की इस पुस्तक 'आधुनिक कवि : 23' में जो कुछ है, उस पर अधिकांश रूप में चर्चा की जा चुकी है। इस से अधिक शायद हिन्दी की साहित्यिक समीक्षा में यह आवश्यक नहीं माना जाता कि उस बात का जिक्र किया जाए जो समीक्ष्य पुस्तक में नहीं है। लेकिन यदि यह केवल अशोक वाजपेयी के काव्य की समीक्षा होती तो निश्चित रूप से उस बात का जिक्र अपेक्षित न होता जो इस पुस्तक का कथ्य नहीं है। लेकिन समीक्षा में जो पाया गया है उस से पता चलता है कि अशोक वाजपेयी के व्यक्तित्व के अलावा यह उन की संस्कृति की भी समीक्षा है। फिर, जिस संस्कृति की बात यहाँ की जा रही है वह द्विज संस्कृति है।

द्विज संस्कृति की एक विशेषता बताई जा सकती है कि यह इतिहास के दर्शन के विरुद्ध एक होशियारी की पौराणिक संस्कृति है। ऐसा नहीं माना जा सकता कि इस संस्कृति ने द्विजों को चतुर नहीं बनाया। बिलकुल माना जा सकता है कि कोई द्विज व्यक्ति अन्धविश्वास या भूल में नहीं रहता। इस संस्कृति ने एक दूसरा काम यह किया है, जो पहले पक्ष का परिणाम भी है, कि द्विज यह नहीं मानता कि कोई देवता, अवतार, ईश्वर, परमात्मा, ब्रह्म या परब्रह्म उस से बड़ा है। वह कहे या न कहे वह हमेशा स्वयं इन सबसे बड़ा बना रहता है। वह स्वर्ग-नरक और पुनर्जन्म आदि में विश्वास नहीं रखता। वह मूलतः एक लौकिक मनुष्य होता है और अपने वंश में विश्वास रखता है। यहाँ अशोक वाजपेयी का दूसरे द्विजों से फर्क यह है कि उन्होंने इन बातों को पूरी तरह सच-सच बोल दिया है जबकि दूसरे लेखकों की करनी यही लौकिकता की रह कर कथनी पारलौकिकता की होती है। अशोक वाजपेयी ने कथनी और करनी में ऐसा अन्तर नहीं किया। उन्होंने किसी देवता, ईश्वर या ब्रह्म को नहीं माना है और स्वाभाविक रूप में अपने पुरखों और अपनी संतति में विश्वास किया है। इस सच को कहने में उन्होंने कोई लाग-लपेट नहीं रखी। उन की मान्यता के अनुसार उन के शरीर और उन की आत्मा में किसी ब्रह्म का अंश नहीं है बल्कि उन के पुरखों की अस्थियां हैं जो वे अपनी संतति को सौंप रहे हैं। उन्होंने मरने के बाद के किसी पुनर्जन्म में विश्वास नहीं किया। लेकिन इस में उन के पास नई बात कुछ भी नहीं है क्योंकि हर द्विज इसी सोच के अनुसार जीता है। जो अशोक वाजपेयी के पास नई बात है वह केवल यह है कि उन्होंने यह सच बोल कर दिखा दिया है।

निश्चित रूप से वे एक भले द्विज हैं। उन की सांस्कृतिक परम्परा उन्हें ऐसा भला और सत्यवादी होने की इजाजत नहीं देती। जरूर उन में यह शक्ति बाहरी संस्कृति के प्रभाव के कारण आई है। उन की इस किताब से साबित होता है कि उन में यह बाहरी तत्व कबीर का भी है। उन्होंने कबीर की कई बातें मानी हैं जिन में से एक सच बोलने के साहस की है।

ऐसा नहीं माना जा सकता कि ब्राह्मण लोग ब्राह्मण समाज से दुखी न हों। कई ब्राह्मण ऐसे हैं जो ब्राह्मण समाज ने दाब-कुचल रखे हैं। एक ब्राह्म-विवाह के कानून की ही बात ली जा सकती है। किसी ब्राह्मण की पत्नी को कोई दूसरा ब्राह्मण रख रहा है। ब्राह्म-विवाह के अन्तर्गत पति के पास ऐसा कोई उपाय नहीं है कि वह इस जारकर्म से छुटकारा पा ले। वह अपनी परम्परा और कानून में अपनी पत्नी और उस के जार का कुछ नहीं बिगाड़ सकता। इस जारकर्म से पत्नी के जो बच्चे पैदा होंगे पति को उन्हें जबरन अपने कहना पड़ेगा। एकदम कहा जा सकता है कि यह मानव-स्वभाव के अनुकूल नहीं है। लेकिन शायद एक ब्राह्मण व्यक्ति को द्विज इसलिए बनाया जाता है कि वह इसे अपना स्वभाव बना ले। ऐसा नहीं माना जा सकता कि इस कानून के खिलाफ ब्राह्मणों में विद्रोही लोग पैदा न होते हों लेकिन सच बात यह है कि उन की चलती नहीं है। अपने तीन हजार साल के वैदिक इतिहास में वे इस ब्राह्म-विवाह में रत्ती भर फर्क नहीं करवा पाए हैं। शरीफ और कमजोर ब्राह्मण जार और बलात्कारी ब्राह्मणों के पैरों में दबे-कुचले पड़े हैं। वास्तव में, इस काम को ले कर यदि दुनिया में सब से ज्यादा कोई कमजोर और लाचार मनुष्य है तो यह ब्राह्मण ही है जो आज तक अपनी कौम में प्रचलित जारकर्म और बलात्कार के खिलाफ नहीं लड़ सका।

एक तीसरा पक्ष भी है जिस का इस सांस्कृतिक पुस्तक में जिक्र नहीं हुआ। यह पक्ष शहादत का है। द्विज संस्कृति के अन्य कवियों की तरह इस पुस्तक में भी शहादत के अंश ढूंढ़े नहीं मिलते। यह बिलकुल कौटिल्य के अर्थशास्त्र की बात हो गई। वहाँ भी शहादत के पक्ष में एक पंक्ति क्या, एक शब्द तक नहीं है। इस कवि का कौटिल्य की कूटनीतियों से फर्क यह है कि इस के मन में ईमानदारी और भलाई भरी है तथा चालाकी और कुटिलता नहीं। यह द्विज संस्कृति के लोग ही जानें कि चालाकी और कुटिलता के अपने वातावरण में उन में से कुछ ईमानदारी और सच्चाई से कैसे जीते हैं। अपने हिस्से का सच इस कवि ने खुद लिख दिया है –''नहीं, मैं समय या आयु से बचना नहीं चाहता/ न ही आकांक्षा की उस दुनिया से / जिस में बेशर्मी से रहना / लगता है कि अब हरेक की नियति है।''[176]

यह सच्चाई कवि के दिमाग से उतर कर आई है। ऐसा नहीं है कि वह इसे न जानता हो। वह इसे बखूबी जानता है और इसे साहस का काम कहता है। उसने लिखा है–''....कविता तुकों का नहीं साहस का मामला है। अचरज सिर्फ इस बात से होता था कि ऐसा साहस करने के लिए कुछ विशेष करने की जरूरत नहीं थी : सचाई को

जरा भी छुओ तो उस में अपने आप एक तरह की साहसिकता अन्तर्निहित थी।"[177] बस, नुकसान यही है कि इस से राष्ट्र और समाज को कोई प्रेरणा और शक्ति नहीं मिलती। कहना चाहिए कि यह पहला दौर है। पहले दौर में इतना ही किया जा सका है कि कवि में सच बोलने का साहस आया है। उम्मीद की जाए कि दूसरे दौर में कवि शहादत के गीत लिखेगा। इस के लिए जरूरी नहीं कि एक ही कवि हर कविता लिखेगा। इस निरन्तरता में अगले दौर के कवि आगे आ सकते हैं। वैसे, सम्भावना क्षीण ही लगती है कि कोई द्विज कवि कभी शहादत की कविता लिखेगा। उस के लिए उसे चाणक्य की कूटनीति को उलटना पड़ेगा। केवल तभी माना जाएगा कि द्विजों ने राष्ट्र और समाज की रक्षा की है। कौटिल्य का अर्थशास्त्र राष्ट्र की रक्षा करने में एक सर्वथा असमर्थ पुस्तक है। यह समझ से बाहर की बात है कि ब्राह्म-विवाह का कानून ले कर कोई कौम किसी बात के लिए बलिदान की भावना पर भी आ सकती है। जब घर में ही गड़बड़ है तो बाहर किस बात के लिए मरा जाएगा? हाँ, जो पुरुष दस औरतों के साथ जारकर्म में रह रहा है वह उन में से कौन सी औरत को पानी में डूबने का खतरा मोल ले कर नदी में से बचाएगा? जो औरत बीस पुरुषों के साथ विवाहेतर सम्बन्धों में रह रही है वह उन में से किस को बचाने के लिए घोड़े पर चढ़ कर दुश्मनों की फौज में तीर चलाएगी? राधाओं, दिगम्बराओं और महामुद्राओं की परकीयाओं ने द्विज कवियों के दिमाग से प्रेम की सारी तीव्रता और पवित्रता रफूचक्कर कर रखी है। इसलिए, ब्राह्म-विवाह से जारकर्म की सुरक्षा होती है, राष्ट्र की नहीं। अशोक वाजपेयी के बाद द्विजों में एक ऐसे कवि की जरूरत है जो इस बात को जोर से कहे। गैर-द्विज इस बात को क्यों कहेंगे? उन्हें क्या गर्ज पड़ी है? वे कहेंगे तो उन्हें साम्प्रदायिक करार दे दिया जाएगा। इसलिए द्विज ही आगे आएं क्योंकि यह उन्हीं की समस्या है। सन् 1950 में बाबा साहेब डा. अम्बेडकर ने हिन्दू कोड बिल के नाम से द्विजों के पारिवारिक जीवन में शील, सदाचार और नैतिकता को लाने की कोशिश की थी लेकिन अब तक वे पूरी तरह फेल कर दिए गए हैं।

XII

अशोक वाजपेयी ने हिन्दी कविता को समृद्ध किया है। हिन्दी वालों को इस बात से खुश होना चाहिए। उन्हें रोने नहीं बैठना चाहिए कि एक प्रशासक कविता क्यों रच रहा है। कविता रचना किसी की बपौती नहीं है। यह पेशेवर काम नहीं है। यह कला है। पेशेवर लोग कलाओं के क्षेत्र में कभी नुकसान भी कर देते हैं। वे लोग कलाओं को जीवन और समाज से काट देते हैं। कला की रक्षा का वे अहद नहीं उठा सकते। वे रोटी के लिए कलाओं को बेच देते हैं। कई बार पेशेवर कवि उत्कृष्ट साहित्य की रचना नहीं कर सकते। ज्यादातर वे नकलची साहित्य रचा करते हैं। एक डर बना रहता है कि पेट की खातिर जाने वे किस जगह समझौता कर बैठें। यह कहना गलत नहीं होगा कि कवि को भूखा रख कर या आश्रित रख कर प्रायोजित कविताएँ लिखवाई जाती रही हैं।

कला को पेशा बनाना एक चीज है और कला के प्रति समर्पण भाव दूसरी चीज है। पेशेवर कलाकारों का काम मास्टरगिरी का भी हो सकता है। समाज के शैक्षिक विकास के लिए मास्टरगिरी जरूरी चीज होती है लेकिन उस का सृजन से अनिवार्य ताल्लुक नहीं होता। यह हो सकता है कि एक मास्टर सृजक भी हो। लेकिन यह होना वैसा ही है जैसे एक जुलाहा या बढ़ई भी कवि हो सकता है। ऐसा भी कहीं नहीं लिखा है कि एक स्कूल का टीचर या यूनिवर्सिटी का प्रोफेसर कवि नहीं हो सकता। किसी भी पेशे का हो कर कोई व्यक्ति कवि हो सकता है। इसी सन्दर्भ में यहाँ कहा जा रहा है कि अशोक वाजपेयी पेशे से प्रशासक हो कर एक सृजक कवि हैं। हाँ, एक चूक अशोक वाजपेयी की भी है जब वे लिखते हैं—"हमारे समाज की स्थिति, अन्य कई देशों की तरह, ऐसी नहीं हो पाई है कि सिर्फ कविता लिख कर अपनी आजीविका चला सके।"[178] यह चाहत ही गलत है कि कला कलाकार को रोटी देगी। यह रास्ता उसी ओर जाता है कि कवि दरबारी कवि हो जाएगा या समाज का भुक्खड़ संन्यासी हो जाएगा। दरबारी कवि होना या भुक्खड़ मंगता हो जाना—दोनों तरह के लोग कविता का नुकसान करते हैं। यह बात ठीक है कि जब कोई कवि न हो तब दरबारी कवि या मंगते कवि के रूप में कविता का नाम बचा रहे लेकिन यह उस के लिए आदर्श स्थिति नहीं है। कवि के लिए भाटपन किसी भी तरह का बेकार है, भले ही वह किसी समाज का ही करना पड़

रहा हो। टुकड़खोर लोग आत्मसम्मान की सच्ची कविता नहीं लिख सकते। कविता से जो एक दीनार चाहता हो वह भी गलत और जो भिखारी बन कर महाकाव्य लिखता हो वह भी गलत। ऐसे महाकवि राज और समाज के पिछलग्गू होते हैं, उस के अगुवा नहीं। असली कवि वही है जो गलती दीखने पर राजा और प्रजा दोनों को झिड़क सके। राजा से डरना या प्रजा से भयभीत होना कवि कर्म नहीं है।

कवि जब आजीविका की बात उठाता है तो यह उस की कमजोरी ही सिद्ध होती है। इस का मतलब यह है कि वह खुद को बेचने के लिए तैयार है। लेकिन कविता बिकाऊ माल नहीं होनी चाहिए। हाँ, इस का भाव सत्ता से जुड़ता है जहाँ कवि एक व्यक्ति के रूप में और समाज का एक जागरूक सदस्य होने के नाते खुद एक पक्षकार होता है। जहाँ तक समर्पण की बात है, यह अशोक वाजपेयी की बिलकुल सही बात है जब वे लिखते हैं–"...कविता पूरा जीवन चाहती है : उस से कम से उस का काम नहीं चलता, न ही उस का अध्यात्म। अगर उसे रहना है तो वह सब से ऊपर की प्राथमिकता पर अपना दावा करती हैः किसी भी सम्बन्ध, जिम्मेदारी या प्रेम से भी ऊपर। भले इसे आत्मरति कहा जाए पर कविता कवि का प्रथम और अन्तिम प्रेम होती है। बिना दूसरों के वह सम्भव नहीं पर सब कुछ अन्ततः उस के लिए उपजीव्य है : वह पूरे जीवन की, उस की सारी उत्सुकताओं-विफलताओं, आकांक्षाओं और कामनाओं की बलि लेती है। वह एक बेहद ईर्ष्यालु देवी है जो सब कुछ डकार जाती है।"[179] लेकिन यह उन्हीं की चाह है कि वे कवि हैं। कई दूसरे प्रशासक कवि नहीं हैं। यह बिलकुल वैसी ही बात है कि कविता को पढ़ाने वाले विश्वविद्यालयों के कई प्रोफेसर भी कवि नहीं हैं। यदि कविता को हिज्जे कर-कर के पढ़ाने वाला हर मास्टर कवि होता तो आज पुस्तकालयों में महाकाव्यों के अम्बार लगे होते। लेकिन अपनी कविता से सम्बन्धित एक दूसरी महत्वपूर्ण बात अशोक वाजपेयी ने यह भी लिखी है–"सरकारी नौकरी की अपनी व्यस्तता कुछ कम न थी, नतीजतन लिखने के लिए समय निकालना, जितना कि इत्मीनान से कुछ करने के लिए जरूरी होता है, मुमकिन नहीं था। इसलिए एक तरह की हड़बड़ी का काव्यशास्त्र मेरी अनिवार्यता ही बन गया।"[180]

उन के इस कथन से दो बातें उभर कर सामने आती हैं। एक उन की खुद की बात है कि उन्हें कविता के लिए पर्याप्त समय नहीं मिला। लेकिन यहाँ यह भी पूछा जा सकता है कि जिन्हें खूब समय मिलता है, उन कवियों ने कौन-सी ऊँचाइयाँ छू ली हैं। जैसे कवि को आजीविका के बारे में शिकायत नहीं करनी चाहिए वैसे ही उसे समय की कमी की भी शिकायत नहीं करनी चाहिए। उलटे, आजीविका का कविता से बाहर होने में और समय की तंगी से कविता को फायदा यह होता है कि वह जीवन और जगत से नप कर चलती है। कविता निरा स्वप्न और कोरी कल्पना नहीं है। इसे शेखचिल्लीपन से बहुत दूर रहना होता है। जब कविकर्म आजीविका नहीं है और कवि के पास हर समय, समय की तंगी बनी रहती है तो इस से कविता में एकस्वरता टूटती

है और विविधता आती है। कविता में सातों स्वर बोल जाएँ तो यह अच्छी बात है। इस से कविता की समृद्धि ही होती है। यदि अशोक वाजपेयी का काव्यशास्त्र हड़बड़ी का काव्यशास्त्र है तो उसे इसी रूप में पढ़ा जाना चाहिए। यह कविता की गिरावट नहीं है। जब पाठक खुद हड़बड़ी का जीवन जी रहे हैं तो यह उनका काव्यात्मक प्रतिनिधित्व ही होगा। ईमानदार लोग ऐसी कविता को जरूर सराहेंगे। हाँ, जिन के स्वार्थ उन के अहंकारों और वादों से जुड़ गए हैं तो उन के बारे में क्या कहा जाए? रोना न कल अच्छा था और न आज अच्छा है। शायद, मनुष्य के लिए रोना कभी भी अच्छा नहीं रहेगा। समय की तंगी रही, लेकिन रोटी की तंगी तो नहीं हुई–रोटी की तंगी कविता के लिए ज्यादा नुकसानदायक चीज है।

फिर, कविता में कई तरह से रमा जा सकता है। भारतेन्दु हरिश्चन्द्र का महत्व मात्र इसलिए नहीं है कि उन्होंने साहित्य-सृजन किया था। उन का महत्व इस दृष्टि से भी बहुत आँका जाना चाहिए कि उन्होंने साहित्य को मंच दिया था। अशोक वाजपेयी का मूल्यांकन उन की कविता के साथ-साथ इस बात से भी किया जाना चाहिए कि उन्होंने कविता को समृद्ध मंच भी दिया है। वे ठीक लिखते हैं–"....सिर्फ आजीविका की विवशता के कारण नहीं मैंने स्वेच्छा से स्वयं कविता कहने के अलावा कविता और कलाओं का समर्थन और मान्यता बढ़ाने के लिए सार्वजनिक रूप से लगातार सक्रिय रहने का निश्चय किया।"[181]

XIII

अन्त में यहाँ एक अनावश्यक चर्चा के लिए स्थान बन जाता है। यह अनावश्यक चर्चा कबीर के धर्म को ले कर है। सही बात है कि अशोक वाजपेयी का चिन्तन कबीर के चिन्तन से ओतप्रोत है। इस में उन्होंने कोई छिपाव नहीं रखा है। निस्संकोच वे कबीर के प्रशंसक हैं। लेकिन खतरा यह है कि इस प्रशंसा में उन्होंने कबीर के नाम पर लोगों के प्रक्षिप्त रचने पर कुल्हाड़ा नहीं बरसाया, उलटे वे इस मामले में उन की एक हिमायत करते हैं। उन्होंने अपनी यह बात जनसत्ता में प्रकाशित 'कबीर की बढ़त' शीर्षक में रखी है। वे लिखते हैं—''कई अर्थों में कबीर ऐसे कवि हैं जिन्हें मानो स्वयं लोक ने रचा है। बल्कि कई बार तो लगता है कि वे ऐसे कवि हैं जिन्हें लोक ने अपनी आवश्यकताओं के अनुसार रचना आज तक जैसे बन्द ही नहीं किया। यह अकारण नहीं है कि कबीर के मूलतः रचित पदों की संख्या से उन में जोड़ दिए गए अन्य कवियों द्व ारा रचित पदों की संख्या कहीं अधिक है। कम से कम मैं ऐसे किसी अन्य महाकवि को नहीं जानता जिसने इतना खुला न्यौता औरों को दे रखा हो कि आओ, मेरी आवाज में मिला कर अपनी आवाज, मुझ में कुछ जोड़ो। जैसे कबीर एक व्यक्ति नहीं, एक पांच सौ सालों से पुरानी परम्परा है : जैसे एक नहीं कई कबीर हैं।''[182]

यह एक तथ्य है जो अशोक वाजपेयी ने ऊपर लेखबद्ध किया है। लेकिन क्या इस तथ्य की प्रशंसा भी की जानी चाहिए? फिर, प्रश्न उठता है कि कबीर कहाँ हैं? क्या ऐसा तो नहीं है कि इस घपलेबाजी में कबीर वाणी में से कबीर ही गायब हो गए हों? यह प्रभाववाद हुआ, खुद कबीर नहीं। जब कबीर एक थे, तब कई कबीर क्यों बनाए गए हैं? फिर, बात यहीं तक सीमित रहती तो समझी जा सकती थी, लेकिन प्रक्षिप्त के आधार पर अशोक वाजपेयी का यह लिखना कहाँ तक उचित है—''वे सनातनी और इस्लामी धर्मसत्ताओं पर कस कर आघात करते हैं लेकिन कोई वैकल्पिक धर्मसत्ता प्रस्तावित नहीं करते।''[183] मेरे ख्याल से, एक कवि के रूप में अशोक वाजपेयी को इस प्रश्न से नहीं जूझना चाहिए था। यह उन के कवि मन के दायरे से बाहर का विषय है। उन की बात खुद कच्ची हो जाती है जब वे यह मानते हैं कि कबीर-वाणी में प्रक्षिप्त रचनाओं की भरमार है। वे इस चक्कर में न पड़ें कि कबीर किस धर्म के थे। वे कबीर को वैसे ही पढ़ना जारी रखें जैसे उन्होंने गालिब को पढ़ना जारी रख रखा है। बिना धर्म से जोड़े या हटाए उन्होंने अपने लिए गालिब की आवश्यकता के बारे में लिखा

है–''गालिब का प्रभाव बहुत गहरा पड़ा, इतना कि आज भी उस से मुक्ति नहीं है। अपने अपरिभाषेय अवसाद के लिए उस में एक किस्म का शास्त्रीय आयाम और राहत भी मिले सो अभी भी जब-तब गालिब के पास जाता रहता हूँ।''[184]

•••

संदर्भ

1. आधुनिक कवि : 23, अशोक वाजपेयी, हिन्दी साहित्य सम्मेलन, प्रयाग, 12 सम्मेलन मार्ग, इलाहाबाद, प्रथम संस्करण, 2001, पृ.-19
2. वही, पृ.-21
3. वही, पृ.-37
4. वही, पृ.-20
5. वही, पृ.-11
6. वही, पृ.-12
7. वही, पृ.-12
8. वही, पृ.-12
9. वही, पृ.-19
10. वही, पृ.-15
11. वही, पृ.-28
12. वही, पृ.-37
13. वही, पृ.-24
14. वही, पृ.-40
15. वही, पृ.-40
16. वही, पृ.-40
17. वही, पृ.-14
18. वही, पृ.-22
19. भारत का संविधान, 1 सितम्बर, 1991 को यथा विद्यमान, भारत सरकार, विधायी विभाग, राजभाषा खंड, सिविल लाइन्स, दिल्ली-110054, तीसरा संस्करण 1991, पृ.-98
20. आधुनिक कवि : 23, अशोक वाजपेयी, हिन्दी साहित्य सम्मेलन, प्रयाग, 12 सम्मेलन मार्ग, इलाहाबाद, प्रथम संस्करण, 2001, पृ.-38
21. वही, पृ.-108
22. वही, पृ.-14
23. वही, पृ.-22-3
24. वही, पृ.-29
25. वही, पृ.-31
26. वही, पृ.-32
27. वही, पृ.-47
28. वही, पृ.-65
29. वही, पृ.-85
30. वही, पृ.-85-6
31. वही, पृ.-86
32. वही, पृ.-86
33. वही, पृ.-88
34. वही, पृ.-88
35. वही, पृ.-89
36. वही, पृ.-89
37. वही, पृ.-92
38. वही, पृ.-92
39. वही, पृ.-93
40. वही, पृ.-96
41. वही, पृ.-95-6
42. वही, पृ.-131
43. वही, पृ.-143
44. वही, पृ.-131
45. वही, पृ.-131
46. वही, पृ.-135-6
47. वही, पृ.-133
48. वही, पृ.-34
49. वही, पृ.-71
50. वही, पृ.-71
51. कबीर बानी : एक सौ अट्ठाईस पदों का संकलन, सम्पादन और अनुवाद अली सरदार जाफरी, राजकमल प्रकाशन प्रा. लि., 1-बी, नेताजी सुभाष मार्ग, दरियागंज, नई दिल्ली-110002, पहला संस्करण 1999, पद संख्या-40, पृ.-57
52. आधुनिक कवि : 23, अशोक वाजपेयी, हिन्दी साहित्य सम्मेलन, प्रयाग, 12 सम्मेलन मार्ग, इलाहाबाद, प्रथम संस्करण 2001, पृ.-150

53. वही, पृ.-151
54. वही, पृ.-39
55. वही, पृ.-137
56. वही, पृ.-138
57. वही, पृ.-141
58. वही, पृ.-141
59. वही, पृ.-141
60. वही, पृ.-82
61. वही, पृ.-12
62. वही, पृ.-31
63. वही, पृ.-40
64. वही, पृ.-39
65. वही, पृ.-77
66. वही, पृ.-77
67. कबीर-बीजक, प्रस्तुतकर्ता डा. शुकदेव सिंह, नीलाभ प्रकाशन, 5 खुसरो बाग रोड, इलाहाबाद, प्रथम संस्करण 1972, पृ.-114
68. आधुनिक कवि : 23, अशोक वाजपेयी, हिन्दी साहित्य सम्मेलन, प्रयाग, 12 सम्मेलन मार्ग, इलाहाबाद, प्रथम संस्करण 2001, पृ.-78
69. कबीर-बीजक, प्रस्तुतकर्ता डा. शुकदेव सिंह, नीलाभ प्रकाशन, 5 खुसरो बाग रोड, इलाहाबाद, प्रथम संस्करण 1972, पृ.-119
70. आधुनिक कवि : 23, अशोक वाजपेयी, हिन्दी साहित्य सम्मेलन, प्रयाग, 12 सम्मेलन मार्ग, इलाहाबाद, प्रथम संस्करण 2001, पृ.-78
71. वही, पृ.-78
72. वही, पृ.-78
73. वही, पृ.-78
74. वही, पृ.-142
75. वही, पृ.-143
76. वही, पृ.-144
77. वही, पृ.-143
78. वही, पृ.-145
79. वही, पृ.-143
80. वही, पृ.-144
81. वही, पृ.-142
82. वही, पृ.-138
83. वही, पृ.-143
84. वही, पृ.-144
85. वही, पृ.-144
86. वही, पृ.-144
87. वही, पृ.-144-45
88. वही, पृ.-145
89. वही, पृ.-145
90. वही, पृ.-146
91. वही, पृ.-147
92. वही, पृ.-53
93. वही, पृ.-54
94. वही, पृ.-69
95. वही, पृ.-59
96. वही, पृ.-146
97. वही, पृ.-149
98. वही, पृ.-67
99. वही, पृ.-73
100. वही, पृ.-34
101. वही, पृ.-36
102. वही, पृ.-94
103. वही, पृ.-14
104. वही, पृ.-31-2
105. वही, पृ.-75
106. वही, पृ.-76
107. वही, पृ.-69
108. वही, पृ.-110
109. वही, पृ.-110
110. वही, पृ.-110
111. वही, पृ.-28
112. वही, पृ.-130
113. वही, पृ.-92-3
114. वही, पृ.-39
115. वही, पृ.-34-5
116. वही, पृ.-45
117. वही, पृ.-35
118. वही, पृ.-28
119. वही, पृ.-30
120. वही, पृ.-30

121. वही, पृ.-133 122. वही, पृ.-106

123. वही, पृ.-106 124. वही, पृ.-107

125. वही, पृ.-48 126. वही, पृ.-79

127. वही, पृ.-80 128. वही, पृ.-56

129. वही, पृ.-145 130. वही, पृ.-52

131. वही, पृ.-152 132. वही, पृ.-35

133. वही, पृ.-153 134. वही, पृ.-55

135. वही, पृ.-55 136. वही, पृ.-55

137. वही, पृ.-154 138. वही, पृ.-154

139. वही, पृ.-155 140. वही, पृ.-156

141. वही, पृ.-57 142. वही, पृ.-57

143. वही, पृ.-57 144. वही, पृ.-157

145. वही, पृ.- 157 146. वही, पृ.-158

147. वही, पृ.-161 148. वही, पृ.-161

149. वही, पृ.-162 150. वही, पृ.-162

151. वही, पृ.-163 152. वही, पृ.-163

153. वही, पृ.-164 154. वही, पृ.-164

155. वही, पृ.-164

156. कबीर समग्र, प्रथम खण्ड, सम्पादक और लेखक प्रो. युगेश्वर, हिन्दी प्रचारक संस्थान, पो. बा. 1106, पिशाचमोचन, वाराणसी-221010, द्वितीय संस्करण 1995, पृ.-580

157. आधुनिक कवि : 23, अशोक वाजपेयी, हिन्दी साहित्य सम्मेलन, प्रयाग, 12 सम्मेलन मार्ग, इलाहाबाद, प्रथम संस्करण, 2001, पृ.-39-40

158. वही, पृ.-20 159. वही, पृ.-66

160. वही, पृ.-16 161. वही, पृ.-16

162. वही, पृ.-16 163. वही, पृ.-28-9

164. वही, पृ.-31 165. वही, पृ.-34-5

166. ऐसे तो नहीं कबीर, मोहन कृष्ण बोहरा, जनसत्ता, दिल्ली, 8 अप्रैल, 2001

167. आधुनिक कवि : 23, अशोक वाजपेयी, हिन्दी साहित्य सम्मेलन प्रयाग, 12 सम्मेलन मार्ग, इलाहाबाद, प्रथम संस्करण 2001, पृ.-34-5

168. सम्पूर्ण गांधी वाङ्मय, खण्ड अड़तीस, नवम्बर 1928 - फरवरी 1929, प्रकाशन विभाग, सूचना और प्रसारण मंत्रालय, नई दिल्ली-110001, संस्करण दिसम्बर 1970, पृ.-194

169. वही, पृ.-194 170. वही, पृ.-194

171. गृहस्थ में कैसे रहें?, स्वामी रामसुख दास, गोविन्द भवन कार्यालय, गीता प्रेस, गोरखपुर, आठवाँ संस्करण, सम्वत 2049, पृ.-89

172. Payal Sharma alias Kamla Sharma alias Payal Kataria v. Superintendent, Nari Niketan, Kalindari Vihar, Agra, A.I.R. 2001 Allahabad 254

173- गौतम कुन्दु बनाम पश्चिमी बंगाल राज्य और एक अन्य, उच्चतम न्यायालय निर्णय पत्रिका (1994) 3 उम. नि. प. 141 (149)

174. वही, पृ.-150

175. वही, पृ.-150

176. आधुकिन कवि : 23, अशोक वाजपेयी, हिन्दी साहित्य सम्मेलन, प्रयाग, 12 सम्मेलन मार्ग, इलाहाबाद, प्रथम संस्करण 2001, पृ.-148-9

177. वही, पृ.-22
178. वही, पृ.-37
179. वही, पृ.-23
180. वही, पृ.-37
181. वही, पृ.-37
182. कभी-कभार : कबीर की बढ़त, अशोक वाजपेयी, जनसत्ता, दिल्ली, 19/8/2001
183. वही, दिनांक 19/8/2001
184. आधुनिक कवि : 23, अशोक वाजपेयी, हिन्दी साहित्य सम्मेलन, प्रयाग, 12 सम्मेलन मार्ग, इलाहाबाद, प्रथम संस्करण 2001, पृ.-19

संदर्भ साहित्य

1. आधुनिक कवि : 23, अशोक वाजपेयी, हिन्दी साहित्य सम्मेलन, प्रयाग, 12 सम्मेलन मार्ग, इलाहाबाद, प्रथम संस्करण, 2001
2. ऐसे तो नहीं कबीर, मोहन कृष्ण बोहरा, जनसत्ता, दिल्ली, 8 अप्रैल, 2001
3. कबीर बानी : एक सौ अट्ठाईस पदों का संकलन, सम्पादन और अनुवाद अली सरदार जाफरी, राजकमल प्रकाशन प्रा. लि., 1-बी, नेताजी सुभाष मार्ग, दरियागंज, नई दिल्ली-110002, पहला संस्करण 1999, पद संख्या-40
4. कबीर-बीजक, प्रस्तुतकर्ता डा. शुकदेव सिंह, नीलाभ प्रकाशन, 5 खुसरो बाग रोड, इलाहाबाद, प्रथम संस्करण 1972
5. कबीर समग्र, प्रथम खण्ड, सम्पादक और लेखक प्रो. युगेश्वर, हिन्दी प्रचारक संस्थान, पो. बा. 1106, पिशाचमोचन, वाराणसी-221010, द्वितीय संस्करण 1995
6. कभी-कभार : कबीर की बढ़त, अशोक वाजपेयी, जनसत्ता, दिल्ली, 19/8/2001
7. गौतम कुन्दु बनाम पश्चिमी बंगाल राज्य और एक अन्य, उच्चतम न्यायालय निर्णय पत्रिका (1994) 3 उम. नि. प. 141 (149)
8. गृहस्थ में कैसे रहें?, स्वामी रामसुख दास, गोविन्द भवन कार्यालय, गीता प्रेस, गोरखपुर, आठवाँ संस्करण, सम्वत 2049
9. भारत का संविधान, 1 सितम्बर, 1991 को यथा विद्यमान, भारत सरकार, विधायी विभाग, राजभाषा खंड, सिविल लाइन्स, दिल्ली-110054, तीसरा संस्करण 1991
10. सम्पूर्ण गांधी वाङ्मय, खण्ड अड़तीस, नवम्बर 1928 - फरवरी 1929, प्रकाशन विभाग, सूचना और प्रसारण मंत्रालय, नई दिल्ली-110001, संस्करण दिसम्बर 1970
11. Payal Sharma alias Kamla Sharma alias Payal Kataria v. Superintendent, Nari Niketan, Kalindari Vihar, Agra, A.I.R. 2001 Allahabad 254